GW01066181

Deutsch als Fremdsprache
Mittelstufe und Studienvorbereitung

Herausgegeben von Dietrich Eggers

Lehrerhandbuch

von Dietrich Eggers, Gabriele Neuf-Münkel,
Hans Jürg Tetzeli von Rosador, Bernd Latour
und Andreas Deutschmann

Max Hueber Verlag

| 3. 2. | Die letzten Ziffern bezeichnen |
| 1992 91 90 | Zahl und Jahr des Druckes. |

Alle Drucke dieser Auflage können, da unverändert, nebeneinander benutzt werden.
1. Auflage
© 1988 Max Hueber Verlag · D-8045 Ismaning
Gesamtherstellung: Ludwig Auer GmbH · Donauwörth
Printed in the Federal Republic of Germany
ISBN 3-19-021456-5

Inhalt

Vorwort

Im Lehrerhandbuch möchten wir Ihnen, den Lehrerinnen und Lehrern des Faches Deutsch als Fremdsprache, die dem Lehrwerk WEGE zugrundeliegende didaktische Konzeption erläutern, mögliche Lernwege aufzeigen und Lösungen zu vielen Aufgaben und Übungen bieten.

Die 10 Thesen zu WEGE sollen das Spezifische dieses Lehrwerks hervorheben und Sie auf die Lektüre des allgemeinen Teils einstimmen.

Im allgemeinen Teil finden Sie weitere Informationen zu WEGE sowie Erläuterungen der Autoren zu den Bereichen Hörverstehen, Leseverstehen, Reproduktion und Produktion, Grammatik und Lexik, Wortbildungslehre, Wörterlernen, Lernspiele. Dann folgt der Lösungsteil, der zugleich Hinweise auf den Progressionsverlauf enthält.

WEGE wurde von einem Team, bestehend aus drei Autoren, dem Herausgeber und weiteren Mitwirkenden, erarbeitet:
Gabriele Neuf-Münkel war zuständig für Hörverstehen und Teile der Produktion und Lexik (Wortbildung); Hans Jürg Tetzeli von Rosador für Leseverstehen und ebenfalls für Teile der Produktion; Bernd Latour für Grammatik und Teile der Lexik. In der Anfangsphase war Ulrike Cohen am Bereich der Produktion beteiligt. Andreas Deutschmann begleitete das Projekt von Anfang an und war mit zahlreichen Ratschlägen an der Entwicklung des Lehrwerks beteiligt.

WEGE wurde während der Entstehungszeit zwei Jahre lang an Lehrgebieten Deutsch als Fremdsprache der Hochschulen, an Studienkollegs und an Goethe-Instituten erprobt. Diese Erprobungsphase erbrachte wichtige Aufschlüsse zu didaktischen Einzelschritten und zu vielen Aufgaben und Übungsteilen, sie verbesserte die innere Stringenz des Lehrwerks.
Allen Lehrerinnen und Lehrern sei für die zahlreichen Rückmeldungen und Auswertungsgespräche herzlich gedankt. Dadurch konnte Wirkungsforschung bereits vom Lehrwerks-Manuskript an erfolgen.

Auch *Ihre* Erfahrungen mit dem Lehrwerk WEGE interessieren uns. Um Rückmeldungen bitten Autoren, Herausgeber und Verlag.

10 Thesen zu WEGE

Dietrich Eggers

(1) *WEGE ist ein adressatenspezifisches Lehrwerk; es kann im Inland und Ausland verwendet werden.*

Mit diesem Lehrwerk können Lernende arbeiten, die sich intensiver mit deutscher Sprache und Kultur beschäftigen und sich komplexer gestaltete Themenbereiche erschließen wollen. Dies können Angehörige akademischer Berufe sein, die sich weiterbilden und zu diesem Zweck ihre Deutschkenntnisse verbessern wollen, vor allem aber Lernende, die Deutschkenntnisse für ein Hochschulstudium in der Bundesrepublik Deutschland benötigen.

WEGE wird den Bedürfnissen von Lernern gerecht, die sich bereits im Inland aufhalten. Aber durch seine methodische Konzeption sowie eine Themenwahl, die einer inhaltlichen Regionalisierung und einer Akzentuierung der Fremdperspektive Raum gibt, ist es auch für den Einsatz im Ausland geeignet.

(2) *WEGE bereitet Sprachprüfungen vor.*

Das Lehrwerk ist auf 350 bis 400 Stunden konzipiert. Es deckt alle geforderten Fertigkeiten ab, die in der Zentralen Mittelstufenprüfung (ZMP) des Goethe-Instituts überprüft werden. Ausländische Studienbewerber, die die Prüfung zum Nachweis deutscher Sprachkenntnisse (PNdS) ablegen wollen, benötigen im Anschluß an WEGE in einem (kurzen) Intensivkurs eine Einführung in die vier Prüfungsteile dieser Sprachprüfung.

(3) *WEGE setzt gute Grundstufenkenntnisse voraus.*

Voraussetzung für den Einstieg in das Lehrwerk sind gute Grundstufenkenntnisse, das heißt: Deutschkenntnisse, die in der Prüfung zum Zertifikat Deutsch als Fremdsprache (ZDaF) mindestens mit „gut" bewertet wurden.

Personen, die diese Voraussetzung erbringen, haben bereits einen bestimmten Lernweg zurückgelegt: Sie können Alltagssituationen sprachlich bewältigen, sind fähig, leichte monologische und dialogische Hörtexte und Lesetexte in der Gesamtaussage und in Einzelinhalten zu verstehen. Sie verfügen über einen begrenzten aktiven, aber schon relativ großen passiven Wortschatz, dazu über einen Grundbestand an syntaktischen Strukturen. Sie beherrschen auch Regelwissen und können metasprachliche Formulierungen verstehen und umsetzen.

Lernende, die mit gutem Erfolg die Grundstufe abgeschlossen haben, haben in relativ kurzer Zeit große Lernfortschritte gemacht, was hauptsächlich auf die lineare Progression und die Betonung der kommunikativen Fertigkeiten zurückzuführen ist. Für die viel verzweigteren Lernziele der Mittelstufe ist es notwendig, ein komplexes Wegesystem zu entwickeln, um den Lernerfolg zu gewährleisten.

(4) *WEGE ist ein Lehrwerk für die Mittelstufe; es entwickelt das komplexe System von studienrelevanten Fertigkeiten.*

Im Mittelpunkt des Lehrwerks steht die differenzierte Textarbeit:
Sie basiert auf einer Vielzahl von Textsorten, die für die Adressatengruppen geeignet sind.
Sie geht – im rezeptiven Bereich – von Texten aus, die an Weltwissen, Sprachwissen und Sprachkönnen des Lerners immer höhere Ansprüche stellen.
Sie unterscheidet sowohl bei der auditiven als auch der visuellen Rezeption zwischen verschiedenen „Stilen".
Sie berücksichtigt besonders Probleme der Textgrammatik, des Textaufbaus und der Textgliederung.
Sie vermittelt im Bereich Intonation dem Lerner Kenntnisse über kommunikationssteuernde suprasegmentale Elemente.
Sie fördert die Entwicklung reproduktiver Fertigkeiten.
Sie zeigt Wege zu Analyse, Interpretation und Umgestaltung von Texten.
Sie führt in Einzelschritten zu einer methodisch reflektierten (mündlichen und schriftlichen) Produktion von speziellen Textsorten.
Die Textarbeit wird unterstützt durch eine Vielzahl von Komponentenübungen.

(5) *WEGE hat zwei Progressionsschienen: eine thematische und eine an den Fertigkeiten orientierte.*

Textsorten, Textarbeit, Grammatikarbeit sind abhängige Variablen dieser Progression. Die Fertigkeiten folgen jeweils einem bestimmten Progressionsschema. Die Progressionsschienen verlaufen aber nicht getrennt, sondern sind mehr oder weniger eng aufeinander bezogen.

(6) *WEGE vermittelt Kommunikationsweisen, die im universitären Bereich üblich sind.*

Dies geschieht zum einen über die Textauswahl, wobei die expositorischen Texte dominieren, zum anderen über das Erlernen von Formen des Diskurses, wie sie im akademischen Bereich gang und gäbe sind. Dies schließt die gezielte Ausbildung bestimmter Kommunikationsverfahren, wie Beschreiben, Vergleichen, Beurteilen, Bewerten, Definieren, Klassifizieren, Charakterisieren und Kommentieren, mit ein.

(7) *WEGE führt zu einer problemorientierten Behandlung von Themen.*

Im Gegensatz zu Lehrwerken, in denen Themen als Motivationsspender dienen, Sprechanlässe und Diskussionsgrundlagen bieten, erfolgt in WEGE eine fundierte Auseinandersetzung mit den Themen selbst, wodurch ein verantwortbares Umgehen sowohl mit dem Gegenstand als auch mit der Sprache möglich wird. Dieses Verfahren ist erwachsenengemäß im Sinne andragogischen Lernens und auch hochschulrelevant, indem die in den Themen dargestellten objektiven Probleme in wissenschaftsbezogenem Diskurs erörtert und bearbeitet werden. Zuweilen werden einzelne Themenbereiche das eigene Erfahrungswissen übersteigen und ein hohes Maß an Abstraktion erfordern. Auch dieser Anspruch leitet sich aus unserer Konzeption her, ein Lehrwerk für die Mittelstufe auf die Studienvorbereitung hin anzulegen.

(8) *WEGE will den Integrationsprozeß in eine fremde Gesellschaft erleichtern.*

Texte informieren über das fremdkulturelle System und beschreiben Handlungsmuster für mögliche Verhaltensweisen in der Fremdkultur. Das Lehrwerk zeigt aber auch Wege auf, wie sich Konflikte in der Auseinandersetzung mit dem fremden System konstruktiv verarbeiten lassen.

(9) *WEGE fördert kulturelles Lernen.*

Historische, gesellschaftliche, aber auch literarische Texte haben in diesem Lehrwerk einen besonderen Stellenwert. Landeskunde wird als Kontextwissen verstanden, das den Lernenden der Mittelstufe verfügbar gemacht wird.
Aber auch die Ausrichtung auf die Studienvorbereitung spiegelt einen eigenen Kulturbezug wieder, da Kommunizieren im akademischen Bereich kulturabhängig ist. Somit wölbt sich über allen Teillernzielen als umfassendes Lernziel der Erwerb der kulturellen Kompetenz.

(10) *WEGE möchte den Benutzer am Ende als weitgehend autonomen Lerner entlassen.*

Der Lerner soll den Lernprozeß und dessen einzelne Schritte nicht nur reflektieren und mit steuern, er soll auch befähigt werden, erworbene Strategien selbständig anzuwenden. WEGE ist einer humanistisch-emanzipatorischen Pädagogik verpflichtet.

Informationen zu WEGE

Gabriele Neuf-Münkel

(1) Das Lehrwerk WEGE gliedert sich in 5 Teile:
- das eigentliche Lehrbuch,
- das Arbeitsbuch,
- die Referenzgrammatik (Mittelstufen-Grammatik),
- das Lehrerhandbuch,
- das Cassettenprogramm; es enthält
  die monologischen und dialogischen Hörtexte des Lehrbuchs und
  einen großen Teil der ins Arbeitsbuch aufgenommenen Komponentenübungen zum Hörverstehen.

(2) Die Gliederung des Lehrbuchs erfolgte nach *Themenbereichen,* denen wir recht „gängige" Überschriften zuordneten:

Wohnung
Intersubjektive Beziehungen
Ernährung
Arbeit/Wirtschaft
Gesundheit/Krankheit
Bildungssysteme/Lernen
Kultur und Technik

„Eingerahmt" werden diese inhaltlichen Bereiche zu Beginn und am Schluß des Lehrwerks von Lektionen, die Informationen über das Zielsprachenland enthalten und zu Reflexionen und zur Neubestimmung des eigenen Standorts Anlaß geben.

(3) Gerade diese „gängigen" Themenbereiche erlauben eine Binnendifferenzierung, die den speziellen Adressatenbedürfnissen angepaßt ist: die Konzentration von Teilthemen auf
- eine persönlich-existentielle Ebene,
- eine studentische Probleme im weiteren Sinne betreffende Ebene,
- eine „Sachebene", die auf einzelwissenschaftlich orientierte Problemdarstellung und Problemdiskussion vorbereitet.

Die zweite Ebene ist selbstverständlich vor allem für Studenten bestimmt, die in der Bundesrepublik Deutschland studieren wollen oder bereits studieren. Die Texte der ersten und der dritten Ebene sind durchaus auch für akademisch interessierte Laien geeignet, wobei für fachfremde Leser der Zugang zu Sach- und Fachtexten besser gelingt, wenn am Anfang eines Themenbereichs persönlich interessierende, subjektiv gefärbte Darstellungen bzw. Fragen stehen.

(4) Bei dieser Differenzierung können fiktionale Texte in die inhaltliche Explikation eines Themas mit einbezogen werden. Für die studentische Adressatengruppe

ist die Auseinandersetzung mit geschriebenen und gesprochenen fiktionalen Texten auch deshalb von so großer Bedeutung, weil hier die Sach- und Fachtext-Zwänge (z. B. Informations-Hierarchisierung, Text-Reproduktion) aufgehoben sind und die Sprache nicht hauptsächlich Transportmittel für fachliche Darstellungen und Berichte ist, sondern in ihrer poetischen Form erscheint und intensive Auseinandersetzung mit den für sie typischen Phänomenen erfordert.

(5) Die verschiedenen Textsorten sind entsprechenden Fertigkeiten zugeordnet:

Erfahrungsbericht, Zeitungsmeldung, Reiseführertext, fiktionaler Prosatext → Leseverstehen;
Statement, Interview, Vortrag → Hörverstehen;
Diskussion, Bildbeschreibung, Vortrag, Interview, „persönliche" Platzbeschreibung → mündliche Produktion;
Text, der aus dem Zahlenmaterial einer Tabelle zu konstituieren ist → (auch) schriftliche Produktion.

Dabei wird innerhalb der Fertigkeit textsortengerecht differenziert: Ein Zeitungsbericht soll orientierend, ein Sachbericht total, ein Reiseführertext selegierend gelesen werden.

(6) Vor der auditiven oder visuellen Perzeption von Texten soll das bereits vorhandene Erfahrungswissen des Lerners gesammelt und – in der Zielsprache – formuliert werden.
Dort, wo dies sinnvoll ist, soll eine Beziehung hergestellt werden zwischen kulturellen Phänomenen des Heimatlandes und denen des Zielsprachenlandes. Gruppenarbeit ist deshalb in dieser Phase nicht nur sinnvoll, sondern sogar geboten, weil dadurch das Weltwissen des einzelnen Lerners bereits erweitert, reflektiert und – in zielgerichteter Kommunikationssituation – artikuliert wird.

(7) Im Arbeitsbuch wird die fiktionale Textebene noch erweitert. Die ausgewählten, didaktisch aufbereiteten Texte lassen sich in den meisten Fällen auf die Themenbereiche des Lehrbuchs beziehen.

(8) Als Pendant zu dieser „rezeptiven" Aufnahme und Interpretation literarischer Texte gibt es das Projekt *Der Kurs sammelt,* das sich durch das ganze Arbeitsbuch hindurchzieht. Es soll – ebenfalls im Anschluß an die Themenbereiche – den Lerner motivieren, seine eigene persönliche Erlebniswelt in der Fremdsprache darzustellen. Im Gegensatz zu „sachlich" orientierten oder gar administrativen Perspektiven soll er individuelle Stimmungen, Wahrnehmungen, Gefühle, Erfahrungen, Wertungen einbringen, die Dingen und Ereignissen ganz andere Bedeutungsakzente verleihen können. Und da solche individuellen Sichtweisen stark von der heimatlichen Kultur geprägt sind, wird hier Gelegenheit gegeben, ein Stück der eigenen Vergangenheit darzustellen bzw. Schwierigkeiten und Ergebnisse interkultureller Lernprozesse zu artikulieren.

(9) Die zahlreichen expliziten methodischen Hinweise des Lehrbuchs werden im

Arbeitsbuch in mehrfacher Hinsicht ergänzt. So enthält das Arbeitsbuch z. B. ausführlichere Angaben und Übungen zur Benutzung eines einsprachigen Wörterbuchs, zur Texterschließung, zur Bildbeschreibung und zur Erstorientierung über ein Buch.

(10) Der weitaus größte Teil des Arbeitsbuchs beschäftigt sich mit einzelnen Teilen des Systems „Sprache". Die Beziehung zwischen Lehr- und Arbeitsbuch kann – was diesen Bereich angeht – am ehesten durch ein Bild veranschaulicht werden: Im Lehrbuch steht, gleichgültig ob es sich um den rezeptiven oder den produktiven Bereich handelt, das Textgebäude als Ganzes im Mittelpunkt. Es soll als Ganzes in seiner Konkretheit erfaßt, Einzelteile in ihrer Funktion für das Ganze vom Ganzen aus betrachtet werden. Bewußtmachen von Sprachstrukturen steht ganz im Dienst von Textverständnis. Anders im Arbeitsbuch: Hier werden die einzelnen Bauteile herausgegriffen, d. h.: In Wortbildung, Intonation, Hörverstehen, Lexik, Orthographie, Grammatik, Zeichensetzung und Textkonstitution werden einzelne sprachliche Phänomene – mehr oder minder isoliert von einem Textganzen – bewußt gemacht, mögliches Regelwissen darüber wiederholt oder neu aufgebaut, Anwendung in Übungen gefördert.
Priorität haben hier vielfältige Übungen zur Grammatik. Es muß in diesem Zusammenhang nicht weiter begründet werden, daß Wiederholung und Erweiterung von elementarem grammatischem Sprachwissen, das durch dauernde Anwendung auch in ein Sprachkönnen verwandelt werden soll, in einem studienvorbereitenden Lehrwerk einen entscheidenden Platz einnimmt.

Hörverstehen

Gabriele Neuf-Münkel

Im folgenden sollen die Voraussetzungen und Ziele eines Hörprogramms dargelegt werden, das – im Lehr- und Arbeitsbuch WEGE – eine kontinuierliche Entwicklung der Fertigkeit „Hörverstehen" von monologischen und dialogischen Texten anstrebt. Es sei darauf verwiesen, daß der Teil *Lösungen* dieses Handbuchs sehr genaue Angaben zu Einzelproblemen konkreter Hörtexte und deren Didaktisierung enthält. Auch die Komponentenübungen, die – als Bestandteile des Arbeitsbuchs – im Hörprogramm von WEGE notwendige Teilaufgaben erfüllen, sind in den *Lösungen* erläutert.

Auszugehen ist auch auf dieser noch relativ elementaren Stufe des Spracherwerbs von *Lernzielen,* die für die besondere Adressatengruppe von WEGE so formuliert werden können:

Inhaltlich und sprachlich (auch für Muttersprachler) schwer zu rezipierende Texte sollen
– bei einmaliger Präsentation hörend verstanden werden,
– deren inhaltliches und strukturelles „Gerüst" in einer aus Stichworten bestehenden, vom Hörer selbst angefertigten Mitschrift festgehalten werden und
– in Inhalt und Aufbau (nicht in der konkreten sprachlichen Form) rekonstruiert werden können, damit sie für Weitergabe und Weiterverarbeitung zur Verfügung stehen.

Diese Ziele sind in der Mittelstufe des DaF-Unterrichts nicht voll realisierbar. WEGE versucht aber, die für diese Ziele relevanten Zwischenstationen aufzubauen und dahin zu führen. Dies bedeutet konkret:

– Inhaltlich und sprachlich anspruchsvolle, gesprochene dialogische und monologische Texte sollen in erster Linie *global* rezipiert werden.
– Zu diesem Zweck sollen sie so wenig wie möglich, so oft wie nötig präsentiert werden.
– Aus einer genaueren Analyse des Hörakts ergibt sich, daß das Lernziel „Mitschrift" (im oben definierten Sinn) erst auf einer relativ späten Stufe des Spracherwerbs angestrebt werden kann. Zu früh gefordert, verhindert es sowohl eine systematische Ausbildung des Hörverstehens als auch eine des Reproduzierens gehörter Texte. Deshalb versucht WEGE, die Fertigkeit „selegierendes Mitschreiben" allmählich aufzubauen. Dies kann am Ende dieses Lehrwerks noch nicht so weit entwickelt sein, daß die detaillierte Wiedergabe eines längeren Textes auf die Basis einer eigenen Mitschrift gestützt werden kann. Aber es sind alle Schritte getan, damit der Lerner in einem kurzen Intensivkurs diese wichtige Studiertechnik „Mitschreiben" erwerben kann.
– Dagegen wird die Reproduktion von Textinhalten und deren Aufbau aus *vorge-*

13

gebenen Stichworten in mündlicher und schriftlicher Form als eine der wichtigsten Aufgaben bereits der frühen Mittelstufe betrachtet.

Im folgenden sollen nun die Voraussetzungen und Ziele des Hörprogramms von WEGE dargestellt und kurz erläutert werden.

(1) *Hörverstehen und Leseverstehen haben zwar das gleiche Ziel, nämlich: (nicht vom Rezipienten produzierte) Texte zu verstehen und zu verarbeiten; aber die Art und Weise der auditiven Rezeption ist von der visuellen so verschieden, daß eine besondere Didaktik für Hörverstehen erforderlich ist. Genauso wie einerseits auf (Teil-)Fertigkeiten zurückgegriffen werden muß, die nur bei der Arbeit am Lesetext reflektiert und eingeübt werden können, so notwendig sind andererseits auch spezielle Wege, die die komplexe Fertigkeit „Hörverstehen" sukzessive entwickeln.*

Dies hat seinen Grund in den besonderen Präsentations- und Rezeptionsbedingungen gesprochener Sprache: Die Präsentation gesprochener Sprache geschieht in der Zeit. Der Sprecher (gleichgültig, ob er als frei Vortragender den Text im Augenblick des Sprechens konstituiert oder seinen eigenen oder einen fremden Text interpretiert) bestimmt Tempo, Intonation, Länge, sprachliche Diktion der Rede. Er setzt damit Zwänge, denen der Hörer sich unterwerfen muß, wenn er den Text verstehen will. Von besonderer Bedeutung dabei ist, daß die Abfolge der mitgeteilten Gedanken unerbittlich weiterdrängt, irreversibel ist. Jedes Verweilen, jedes Zurückgehen des Hörers kann dazu führen, daß die Konzentration auf kommende Sinngruppen verhindert wird und diese deshalb verlorengehen. Umgekehrt können nicht rezipierte Texteinheiten das Verständnis von nachfolgenden erschweren oder ganz verhindern.

(2) *Da der Faktor „Zwang zur Rezeption in einer vom Sprecher bestimmten zeitlichen Abfolge" für Hörverstehen eine solche Dominanz hat, muß er bei einer Didaktik des Hörverstehens besonders berücksichtigt werden.*

Auszugehen ist dabei von den drei Zeitdimensionen: Vergangenheit, Gegenwart, Zukunft. Wenn wir „Rede" unter diesen Gesichtspunkten betrachten, so ist „Gegenwart" das im Augenblick gesprochene Wort, „Vergangenheit" die bereits gesprochenen Textteile, „Zukunft" die noch folgenden.

(3) *Verstehen des gerade Gesprochenen ist nur möglich, wenn bereits vergangene Rede behalten, memoriert, gespeichert wird (in welcher Form auch immer). Die (Teil-)Fertigkeit des „Speicherns" zu entwickeln, muß deshalb eine Voraussetzung für die Entwicklung der Fertigkeit „Hörverstehen" sein.* Dabei ist zu unterscheiden zwischen zwei Arten von „Speichern", Speichern *im* Akt des Hörens und Speichern, um den Text *nach* dem Hören weiterzuverarbeiten.

(3.1) Speichern *im* Akt des Hörens, d. h. Verbindung des gerade gehörten Worts / der Wortgruppe / Tongruppe mit unmittelbar vorangegangenen Tongruppen, um überhaupt (kleinste und kleinere) Sinneinheiten zu konstituieren: Dabei spielt mit Sicherheit das Ultrakurzzeitgedächtnis bzw. das Kurzzeitgedächtnis eine unentbehrliche Rolle. Beim Muttersprachler wird dieser Prozeß dadurch erleichtert, daß er – zumindest bei allgemein verständlichen Texten – Tongruppen speichert, relevante inhaltliche Momente herausfiltert und – oft vereinfacht gegenüber der vorgegebenen sprachlichen Oberflächenstruktur – im Gedächtnis festhält. (Erst nach diesem Verstehensprozeß kann eigentlich das schriftliche Fixieren in Form von Stichworten sinnvoll sein. Dies ist ein Grund dafür, daß das Lernziel „Mitschrift" erst auf einer späteren Stufe anzusetzen ist.) Er ist dann im allgemeinen in der Lage, aus vielen kleineren Sinneinheiten größere Zusammenhänge zu verstehen, zu memorieren, unter Umständen zu fixieren.

Was nun beim Fremdsprachler dieses Speichern *im* Akt des Hörens so schwierig macht, ist die Tatsache, daß ihm unbekannte Erscheinungen der sprachlichen Oberflächenstruktur zum Verhängnis werden. Er bleibt hängen, stolpert darüber und kann nun Sinneinheiten nicht konstituieren, Inhalte nicht sprachlich vereinfachen und behalten. Er hört nur noch Einzelworte ohne Zusammenhang.

Deshalb gehören sogenannte Speicherübungen (Sp) konstitutiv zu einem „Hörprogramm" eines Fremdsprachenlehrwerks bzw. eines Fremdsprachenunterrichts:

Sp

Auf einer unteren Stufe (wie im Arbeitsbuch von WEGE vorgeschlagen) soll der Lerner immer länger werdende Sinngruppen (von ca. 5 bis 12/13 Wörter) nach dem Vorsprechen durch den Lehrer wörtlich memorieren. Da dieses Memorieren durch das Beachten intonatorischer Momente (z. B. Gruppieren von Wörtern um „Kernwörter", die Haupt- und Nebenakzente tragen) sehr erleichtert werden kann, sind diese Speicherübungen sehr oft mit Intonationsübungen verbunden.

Auf einer weiteren Stufe wären Speicherübungen denkbar, bei denen der Lerner nach dem Vorsprechen z. B. eines Satzes sofort mündlich dessen Inhalt in verkürzter, vereinfachter Form wiedergibt.

Anmerkung zum technischen Verfahren: Speicherübungen müssen vom Lehrer durchgeführt werden. Er spricht immer länger werdende Tongruppen vor, und der Lerner wiederholt diese mündlich. Isoliert memorierte Tongruppen können dann zusammenhängend wieder vorgesprochen und memoriert werden.

(3.2) Speichern von Textteilen oder des ganzen Textes, um ihn *nach* dem Hörakt weiterzuverarbeiten:

Natürliche Speicher sind das Kurzzeit- und Langzeitgedächtnis, die (aus verschiedenen Gründen, die hier nicht näher erläutert werden können) beim Muttersprachler sehr viel perfekter und genauer funktionieren. Aber auch der Muttersprachler braucht, um – längere, im Inhalt teilweise neue – Texte verfügbar zu haben, besondere Speicherhilfen, die er selbst anfertigt oder die ihm vorgegeben werden.

Da in diesem Bereich die Schwierigkeiten des fremdsprachigen Lerners besonders groß sind, müssen mehrere, verschiedenartige Wege versucht werden, um die Speicherfähigkeit auszubilden:

– Die Ausbildung des Kurz- und Langzeitgedächtnisses in Konzentration auf die Fremdsprache hin muß sorgfältig beachtet werden. U. E. ist es durchaus sinnvoll, wenn kürzere Textpartien (z. B. kleinere fiktionale Texte) auswendig gelernt und vorgetragen werden.

15

– Es müssen (schriftlich fixierte) Speicherhilfen vorgegeben sein, die auf Selektion
hinlenken oder auf Selektion vorbereiten,
z. B. auf der untersten Stufe:
  Multiple choice, Fragen zum Text.
etwas später:
  Flußdiagramm, Stichwortkette, vorgegebene Mitschrift, Lückenmitschrift.
für die Makrostruktur:
  Gliederung, Handout, Tabelle (z. B. für historische Texte), u. U. Schaubild/
  Graphik.

Voraussetzung dafür, daß der Lerner mit solchen Hilfen wirklich umgehen und sie
nützen kann, ist die entwickelte Fähigkeit, rezipierte Lautfolgen mit vorgelegten
Graphemfolgen zu identifizieren. Dies wird dann schwieriger, wenn die vorgelegten Graphemfolgen nicht voll den Lautfolgen entsprechen, sondern – wie z. B.
schon beim Flußdiagramm, noch mehr aber bei stützenden Angaben für die
Makrostruktur – verkürzt, u. U. synonym formuliert erscheinen.
Ohne Ausbildung des Teillernziels, den Hör- und den davon (in Ausführlichkeit
und Sprache) unterschiedenen Lesetext zueinander in Beziehung zu bringen, haben schriftliche Speicherhilfen wenig Sinn. WEGE versucht immer wieder, darauf
hinzuweisen.
Sehr früh kann freilich damit begonnen werden, vom Lerner selbst *fragmentarisch*
notieren zu lassen – ohne Anspruch auf autonome Selektion oder auf Vollständigkeit. Dies hat den Zweck, daß er (außerhalb des Diktats) selbständig Lautbilder in
Schriftbilder umsetzt. Dabei müssen Abkürzungsmöglichkeiten reflektiert und
eingeübt werden.

(4) *So wenig wie der Hörverstehensprozeß möglich ist ohne Speichern vorangegan-
gener Sinneinheiten, so sehr bedarf er auch der intentionalen Beziehung auf noch
nicht ausgesprochene Sinneinheiten. Komplementär zum Speichern ist antizipierendes Hören.*

Wie beim Speichern, so lassen sich auch bei der antizipatorischen Komponente des
Hörverstehens zwei Arten unterscheiden: Antizipieren *im* Akt des Hörens und
Antizipieren *vor* oder *während* des Hörens.

(4.1) Antizipieren *im* Akt des Hörens: Die interiorisierte Kenntnis von Sprachstrukturen ermöglicht dem Muttersprachler Antizipationen in vielerlei Form, z. B.
– auf der intonatorischen Ebene: Vorwegnahme der Satzmelodie,
– auf der lexikalischen Ebene: Vervollständigung von Wortgruppen, Idiomen,
  Funktionsverbgefügen, Teilsätzen, Bildern; Vorwegnahme von Implikationen,
  die z. B. in Bedeutungshöfen von Wörtern und Begriffen enthalten sind;
– auf der syntaktisch-semantischen Ebene: Vorwegnahme von notwendig oder
  wahrscheinlich folgenden Satzgliedern, von logisch erforderlichen Operationen
  (z. B. einer Begründung, einer Folgerung, eines Gegensatzes);
– auf der pragmatischen Ebene: Vorwegnahme von Sprecherintentionen.

Dieses für Muttersprachler selbstverständliche antizipatorische Hörverhalten, das die Konzentration auf Wesentliches, Neues der noch folgenden Textteile ermöglicht, ist beim Fremdsprachler sehr defizitär. Auch hier sind es die Schwierigkeiten mit der sprachlichen Oberflächenstruktur, die verhindern, daß er antizipiert – das informationsschwache Verbum, den angezeigten Gegensatz, den im folgenden Satz zusammenfassenden Oberbegriff, die vom Autor noch nicht *expressis verbis* dargestellte Intention dieses Redeteils. Im Arbeitsbuch von WEGE sind deshalb Antizipationsübungen (A) vorgeschlagen, die der Lehrer dann selbständig auf andere Themenbereiche übertragen kann: Auf der AB-Cassette sind mehr oder minder lange Satzteile gesprochen, die nach einem Gongzeichen vom Lerner möglichst rasch *mündlich* zu Ende geführt werden sollen. Dabei können kleinere, nicht kommunikationsrelevante Fehler durchaus in Kauf genommen werden. Wichtig ist allein, daß ein im Rahmen des Kontextes inhaltlich sinnvoller, sprachlich adäquater Satz entsteht. Je nach der Größe der Lücke ist die Auswahl der sprachlichen Möglichkeiten sehr eng (z. B. bei einem Funktionsverbgefüge) oder sehr vielfältig (z. B. bei der Formulierung eines Grundes). Das Antizipieren kann durch Mitschreiben, das ja auf „Vergangenes" gerichtet ist, blockiert werden. Dies ist der zweite Grund dafür, daß Mitschrift nicht zu früh gefordert werden darf.

| | A |

(4.2) Antizipieren *vor* oder *während* des Hörens:
Während Antizipieren *im* Hörakt die Konstitution kleiner Sinneinheiten ermöglicht und sich auf unmittelbar folgende Redeteile bezieht, ist Antizipieren *vor* oder *während* des Hörakts sozusagen die eigene produktive und prospektive Gestaltung möglicher Redeinhalte. Niemand wird bestreiten, daß es auch für den Muttersprachler durchaus sinnvoll ist, z. B. vor einem Vortrag das vorhandene Wissen zu einem Thema zu rekapitulieren, sich über die Position des Redners klar zu sein, Folgerungen aus der Formulierung des Themas zu ziehen. *Während* des Vortrags werden Intentionen dann klarer, es kristallisieren sich Ergebnisse heraus.
Diese aktive, produktive Komponente des Hörakts, die dem Gefühl passiven Ausgeliefertseins an kommende Wortkaskaden entgegenwirken kann, muß u. E. in einem Hörprogramm für den Fremdsprachenunterricht verstärkt beachtet werden. Es wurde bereits in den allgemeinen Ausführungen zur didaktischen Konzeption von WEGE (S. 11) darauf hingewiesen, daß der sogenannten Vorlaufphase Funktionen zugewiesen sind, die weit über die Aufgabe einer bloßen Textentlastung hinausgehen. Dies gilt für das Hörprogramm in erhöhtem Maß. Durch Themenanalyse, Stichwortketten, Begriffserklärungen, Brainstorming, Sammeln von Argumenten sollen Wege angelegt werden, die für die Aufnahme des Textes Richtungen und Ziele weisen. Es wurde bereits betont, daß in diesem Zusammenhang für die Adressatengruppe wichtige Teillernziele wie „Erarbeitung von Begriffsdefinitionen" oder „Verwendung eines enzyklopädischen Lexikons" realisiert worden sind.

(5) *Da für Hörverstehen allgemein, besonders aber für so wichtige Komponenten wie Speichern und Antizipieren die Intonation von solcher Bedeutung ist, muß der Lerner dazu geführt werden, die durch Intonation angebotenen Verstehenshilfen weitestgehend zu erfassen und zu nutzen. Um eine fundierte Reflexion auf intonatorische Gegebenheiten zu ermöglichen, ist es wohl erforderlich, daß wenigstens einige*

Grundregeln der Intonation vom Lerner selbst beim lauten Lesen / Vortragen ange-
wendet werden.

Das Intonationsprogramm von WEGE versucht, dafür Grundlagen zu schaffen.
Mehr ist im Rahmen eines Lehrwerks, das so vielfältige Aufgaben hat, nicht zu
realisieren. Es bietet Regeln und Hinweise, die – bis an die Grenze des Zulässi-
gen – vereinfachen. So wird z. B. nur auf das Problem von Haupt- und Nebenak-
zentsetzung eingegangen, ohne daß die Spannungsbögen innerhalb eines Satzes,
die Satzmelodie besonders artikuliert werden. Aber in Erprobungen stellte sich
heraus, daß selbst dieses sehr vereinfachte Programm in Kursen nicht so leicht
durchführbar ist, vor allem dann, wenn eine Lernergruppe in der Grundstufe
überhaupt nicht an prosodische Probleme herangeführt wurde.

Im einzelnen behandelt das Intonationsprogramm von WEGE folgende Teilthemen:

(5.1) Wortakzent
Voraussetzung für die richtige Satzintonation ist die Beachtung des Wortakzents.
Die Regeln über den Wortakzent im Deutschen sollten eigentlich von der Grundstufe her bekannt sein. Sie werden zu Anfang des (aus Zeit- und Platzgründen sehr
verkürzten) Intonationsprogramms noch einmal wiederholt; spezielle Phänomene
(z. B. Betonung der Vorsilbe bei trennbaren und nicht trennbaren Verben, Endbe-
tonung bei vielen „Fremdwörtern" femininen Geschlechts) werden bei gegebenem
Anlaß noch einmal geübt. Trotzdem bleibt der Wortakzent bei längeren Wörtern,
insbesondere bei Nominalkomposita, ein ständiges Problem dieser Stufe, und der
Lehrer tut gut daran, falsch betonte Wörter immer wieder zu korrigieren, vorzu-
sprechen und mehrmals laut nachsprechen zu lassen.
Neben Übungen zum Wortakzent müßte eigentlich eine „Ausspracheschule" ste-
hen, die das phonologisch exakte Sprechen des einzelnen Wortes zum Ziel hat.
Darauf wurde – zugunsten der über das einzelne Wort hinausgehenden Intona-
tionsübungen – in WEGE verzichtet, weil auch dieser Bereich eigentlich mehr
Stoff der Grundstufe sein sollte und weil es dafür mehr eigenes Material als für die
Probleme von Intonation und Prosodie gibt.
Trotzdem stellt die Aussprache des Einzelwortes zweifellos ein Problem dar, das
der Lehrer innerhalb der Intonationsübungen mitbeachten muß.

(5.2) Problem der Tonhöhe
        (teilweise verbunden mit dem Erkennen bzw. Artikulieren von Satzzeichen)
Dieser sehr komplexe Bereich wird – vergröbert – von drei Aspekten aus betrach-
tet:
– Bleibt die Tonhöhe in der Schwebe (progredienter Verlauf, z. B. oft bei Sätze
  bzw. Worte trennenden Kommas)?
– Geht die Stimme nach unten (terminaler Verlauf, z. B. um das Ende einer
  Sinngruppe anzuzeigen, bei neutralen *w*-Fragen)?
– Geht die Stimme in die Höhe (interrogativer Verlauf, z. B. bei Entscheidungs-
  fragen, höflich intonierten *w*-Fragen)?

18

(5.3) Problem der Tongruppen und Sinngruppen;
       damit verbunden: Problem von Sprechpausen

Die Frage, welche Wörter eines Satzes beim Vortragen zu einer Tongruppe zusammenzufassen sind, ist eng verbunden mit der Frage, welche Wörter des Satzes syntaktische Einheiten bilden. Syntaktische Einheiten werden – zumindest bei regelmäßigem Sprechen und Vortragen – nicht durch Pausen auseinandergerissen; umgekehrt sollen sie voneinander durch eine minimale Pause abgetrennt sein. Im Gegensatz zu den mehrere Tongruppen enthaltenden Sinngruppen, deren Anfang und Ende meistens durch Satzzeichen bezeichnet sind, müssen Tongruppen im Akt des Sprechens aufgefunden und artikuliert werden. Dies ist besonders schwierig bei der Zuordnung von Rechtsattributen (Genitivattribut/Präpositionalattribut). Überhaupt ist die richtige Zuordnung von Präpositionalphrasen (sind sie Präpositionalattribut/Präpositionalobjekt oder adverbiale Bestimmung) eine Schwierigkeit, die sich bei Texten, die in mehr nominalem Stil gefaßt sind, vergrößert und deshalb das Vortragen von wissenschaftlichen Texten durch Ausländer oft so unverständlich macht. Nur die dauernde Übung, welche Worte des Satzes Ton- bzw. Sinngruppen konstituieren und deshalb auch zusammenhängend vorgetragen werden müssen, kann Studienbewerber vor dem Vorwurf bewahren, daß sie Texte, die sie vorlesen/vortragen müssen, nicht verstehen.

(5.4) Problem der Haupt- und Nebenakzente

In engem Zusammenhang mit der Bildung von Ton- und Sinngruppen ist das Phänomen zu sehen, daß nicht alle Wörter eines Satzes beim Sprechen gleiches Gewicht haben. Sehr oft neigen ausländische Sprecher nicht nur dazu, Tongruppen auseinanderzureißen bzw. falsche Tongruppen zu bilden, sondern weniger informationstragende Wörter (z. B. grammatische Redundanzen) genauso betont zu sprechen wie das Wort innerhalb einer Sinngruppe, das den Informationskern darstellt und deshalb den Hauptakzent tragen müßte. Übungen, die durch Haupt- und Nebenakzentgebung die Wörter eines Satzes in eine Sinnordnung bringen, können nur in engem Zusammenhang mit der Bedeutungserschließung von Sätzen bzw. Satzzusammenhängen durchgeführt werden. Letztlich ist es die Gedankenfolge eines Textes, die darüber entscheidet, welchen Stellenwert das einzelne Wort im Satzganzen hat.

Daraus ergibt sich auch, daß der Hauptzweck dieser Übungen zum Haupt- und Nebenakzent weniger darin besteht, eine absolut richtige Lösung zu finden, als vielmehr das Problem bewußt zu machen und überhaupt nach Lösungen zu suchen, Sätze nicht in gleichmäßigem Wortstaccato zu sprechen, sondern analog zu Melodien: In einem Spannungsbogen werden weniger betonte Worte schneller, ohne Schwere, auf das betonte Wort hin gesprochen, das oft nicht einmal sehr viel lauter als vielmehr langsamer, gewichtiger, mit erhobener Stimme präsentiert wird.

Das Intonationsprogramm von WEGE versucht, die skizzierten Problembereiche schrittweise bewußt zu machen bzw. Grundregeln der Intonation systematisch aufeinander zu beziehen und einzuüben.

Relevante andere Phänomene und Fragen des Bereichs „Intonation" werden wenigstens gestreift: Die Unterschiede zwischen Rede, die sachlich informierend, „neutral" wirken soll und „Reden", bei denen Erregung (AB, S. 179), Resignation (AB, S. 123 u. 166), autoritäres Gehabe (AB, S. 109) oder Unsicherheit in der Stimmführung deutlich ausgeprägt sind.

Außerdem wird an einer Stelle auf das Problem der stockenden Rede hingewiesen, die – einen nicht völlig präsenten Inhalt ohne ausführliche Vorlage *ad hoc* sprachlich fassend – von intonatorischen und prosodischen Gesetzen abweicht.

Die Übungen zur Intonation in WEGE werden im allgemeinen so durchgeführt, daß die Lerner zunächst an kleinen Sätzen, später an erweiterten Sätzen bzw. Satzkomplexen die Zeichen für Haupt- und Nebenakzente, für Ton- bzw. Sinngruppen und Tonhöhe eintragen und dann diese bearbeiteten Textteile (mehrmals) laut vorsprechen. Dieses Vortragen muß natürlich korrigiert werden – sei es vom Lehrer im Unterricht oder aber mit Hilfe der Cassettenaufnahmen zum Arbeitsbuch, auf denen neben Komponentenübungen zum Hörverstehen alle Übungen zur Intonation gesprochen sind.

(6) *Es ist davon auszugehen, daß der Lerner – besonders im Prozeß der universitären Kommunikation – auch bei gut ausgebildeter Fertigkeit im Bereich Hörverstehen Textteile nicht verstehen, d. h. auch nicht speichern kann und ihm dann – konsequenterweise – auch alle Hilfen, die antizipierendes Hören anbieten kann, fehlen. WEGE will auf dieses Faktum vorbereiten.* Es wird auffallen, daß relativ wenig Wörter (dies gilt *nicht* für Schlüsselwörter/Leitbegriffe des Textes) vor der Aufforderung, den Text zu hören, angegeben sind. Dies hat den Zweck, den Lerner immer wieder mit dem Erlebnis zu konfrontieren, daß er nicht alles verstehen muß, um zu verstehen. Es bedarf wohl ständiger Übung, den Schock, den unbekannte Wörter oder ein unklarer Satz hervorrufen, zu überwinden, dies als Lücke festzuhalten, aber weiter zu hören, zu speichern, zu antizipieren, um dann vielleicht sogar die entstandene Lücke schließen zu können.

Daraus ergibt sich ein wesentliches Kriterium für die Texte eines Hörprogramms für den Mittelstufenunterricht: Sie können/sollen für den durchschnittlichen Lerner durchaus schwer zu verstehende Passagen enthalten, aber der Gedankengang des Textes, sozusagen sein roter Faden, muß – auf der Basis des Weltwissens und Sprachkönnens – auf dieser Stufe des Spracherwerbs faßbar sein. Dieses Postulat bestimmt auch einen wesentlichen Unterschied zwischen Hör- und Lesetexten in einem Unterrichtsprogramm: Die oft geäußerte verschwommene Aussage, Hörtexte müßten „leichter" sein, kann auch dahingehend präzisiert werden, daß Textteile, die der Analyse oder zusätzlicher Informationen bedürfen, im Hörtext *nicht* an Stellen auftauchen dürfen, die diesen „roten Faden" mitkonstituieren. Textanalyse erfordert Zeit – und diese ist im Akt des Hörens nicht gegeben.

(7) *Dieses Faktum defizitären Hörverstehens postuliert weiterhin, daß ein Hörprogramm von Anfang an ganz intensiv darauf hinwirken muß, daß zunächst global gehört wird.* Dabei ist globales Hörverstehen definiert als Hörverstehen, das
– die wesentlichen, texttragenden Informationen bzw. (bei berichtenden oder

erzählenden Texten) Handlungsstufen und (bei beschreibenden Texten) Aspekte identifiziert;
- die Beziehungen, die diese Informationen, Handlungsstufen, Aspekte verknüpft, nachvollzieht (dies bedeutet auch, die Gedanken*folge* des konkreten Textes präsent zu haben);
- Grundintentionen des Sprechers/Interpretators benennt und Textteile darunter subsumiert.

Dieses globale Hörverstehen wird in WEGE mit Hilfe mehrerer Methoden angestrebt:

Es sind – vor allem in der ersten Hälfte – Textsorten ausgewählt, die globales Hören erleichtern. Dies sind z. B.:
- dialogische Texte, bei denen ein Partner ein Fragender, Auskunftsuchender ist. Die weiterführenden Fragen, gekennzeichnet durch eine besondere Stimme und Intonation, haben dabei eindeutig Gliederungscharakter, der nicht überhört werden kann. Aus diesem Grund sind in WEGE nicht nur Textsorten wie Auskunftsgespräch, Interview, Streitgespräch, Sachgespräch mit einem Experten, Diskussion mit Moderator an mehreren Stellen verwendet, sondern die Lerner erhalten ausdrücklich die Anweisung, beim ersten Hörverstehen *nur* auf die textgliedernden Frageteile zu achten und – auf einer späteren Stufe – dazu ein Stichwort zu notieren.
- monologische Texte, die eindeutige Grundintentionen haben. Ein Paradigma dafür ist das Statement, das nicht nur auf Rezeption und Produktion argumentativer Texte vorbereitet, sondern auch als Leitintentionen das Begründen, das Widersprechen, u. U. das Konzedieren hat. Zur Konkretisierung dieser Leitintentionen genügt es, daß der Lerner einzelne Gründe/Einwände/Konzessionen versteht. Auch wenn ganze Textpassagen nicht rezipiert werden können: Der Textinhalt als Ganzes kann nicht verfehlt werden.
- monologische Texte, die von persönlichen Grundstimmungen, Grunderfahrungen geprägt sind, die sich wiederum in vielerlei Details konkretisieren. Ein gutes Beispiel dafür ist der Text 13 der Lehrbuch-Cassetten (Lektion 9E) aus Erika Runges „Frauen". Resignieren, Nicht-Zurechtkommen trotz guten Willens, Klagen und Anklagen wegen der fehlenden Hilfsbereitschaft des Mannes bestimmen so sehr diese lange, monologische Interviewaussage, daß eine mangelnde Rezeption von Details kaum ins Gewicht fällt.

Die eben beschriebenen Hörtexte sind insoweit authentisch, als sie entweder Passagen aus (transkribierten) Interviews enthalten oder eigens für das Lehrwerk gesprochen, aufgenommen und dann transkribiert wurden. Dabei wurden die jeweiligen Sprecher darüber informiert, daß diese Texte Grundlage für ein Hörprogramm für ausländische Lerner seien.
Dagegen wurde bei der Textsorte „Vorträge" anders verfahren: Hier sind Texte so bearbeitet bzw. neu formuliert, daß sie – den Bedingungen eines Hörtextes genügend – die Makrostruktur klar erkennen lassen.

WEGE enthält – als Vorbereitung auf die auditive Rezeption von expositorischen oder expositorisch/argumentativen Texten – eine Reihe von Kurzvorträgen. Auch in der muttersprachlichen Kommunikation hat ein Vortrag die Aufgabe, in für Hörverstehen geeigneter Weise ein Gedankengebäude aufzubauen. Dazu gehört neben begrenzten Satzlängen, klarer, sprachlich manifester Verknüpfung der Gedanken, vornehmlich verbal orientierter Diktion auch die unüberhörbare Angabe neuer Teilthemen. Dies kann in mehrfacher Weise geschehen: Der Referent kann *expressis verbis* einen neuen Abschnitt ankündigen oder – etwas indirekter – durch ein neues Schlüsselwort den Übergang markieren. Die Bearbeitung / Umformulierung geschriebener Texte zum Zwecke eines mündlichen Vortrags ist genauso legitim, ja gefordert wie die Verschriftlichung zunächst vorgetragener Texte.

Um nun die Konzentration der ausländischen Lerner zunächst auf das Erfassen von Teilthemen zu lenken, werden in der zweiten Hälfte von WEGE bei expositorischen Texten zunächst Abschnitte vorgegeben, deren inhaltlicher Kern auf die Leitinformation zu reduzieren ist. Dies führt fast automatisch zu einer anderen Art zu hören, die – immer wieder gefordert – ganz allmählich interiorisiert wird und „Hören-von-oben-nach-unten" zumindest zu einem erstrebenswerten Ziel werden läßt. Dieses Hören-von-oben-nach-unten wird dann erleichtert, wenn die Aufmerksamkeit des Lerners auf sprachliche Ausdrücke und Wendungen hingelenkt wird, die immer oder häufig auf Textteile aufmerksam machen, die für die Makrostruktur des Textes relevant sind; z. B.:

Formeln der Überleitung	*ich komme nun zu ...*
Ankündigung einer Aufzählung	*im folgenden werde ich über drei Aspekte des Problems sprechen ...*
(Struktur)wörter, die Teilthemen in eine logische Beziehung zueinander setzen	*die Gründe dafür sind ...* *die Folgen davon sind ...* *im Gegensatz dazu ...*
Wörter, welche die Veränderung der Sprecherintention anzeigen	*nun ist aber die Frage, ob ...* *es ist zu fürchten, daß ...*
Ankündigung eines weiteren Aufzählungspunktes,	*ein weiterer Punkt wäre ...*
einer weiteren Handlungsstufe / Phase,	*eine entscheidend neue Entwicklung ...* *Jahre danach ...*
eines weiteren Betrachtungsaspekts	*in der Gegenwart ...*

(8) *Detailliertes Hörverstehen, d. h. auditive Perzeption der Mikrostruktur eines gesprochenen Textes, ist auch beim Muttersprachler nie ein totales Hören. Dieses Faktum ist im Fremdsprachenunterricht bewußt zu machen und sowohl bei der Gestaltung von Texten, die detailliert gehört werden sollen, als auch bei Aufgabenstellungen (besonders bei Prüfungen!) zu berücksichtigen.* Erschwerte Bedingungen für detailliertes Hören treten ein, wenn für die Mikrostruktur relevante Textteile in Stichworten fixiert werden sollen. Dies dürfte noch einmal zu einem Verlust von Textdetails führen. WEGE versucht, dieses Problem auf verschiedenen Ebenen anzugehen:

(8.1) Durch die Konzentration auf globales Hören werden beim Lerner Voraussetzungen geschaffen, daß er Textteile gewichten und bei zu starker Dichte von Detailinformationen auch vernachlässigen lernt, selbst auf die Gefahr hin, daß „Verluste" von Textteilen auftreten.

(8.2) Während der Lerner sehr frühzeitig die Makrostruktur eines Textes *allein* erfassen soll (er ist ja *im* Akt des Hörens isoliert, nur auf sein eigenes Verstehen angewiesen), sollte die Sammlung von Details zunächst in einer Gruppe zusammengetragen werden. Die häufige Wahl dieser Sozialform für die Bewältigung dieser Aufgabe in WEGE ist keine zufällige Variante in der Unterrichtsform. Allerdings darf man hier nicht beim bloßen, unverbindlichen Sammeln stehen bleiben. Die zweite, fast wichtigere Aufgabe ist das Ordnen, Zuordnen der Details. Dies steht in Zusammenhang mit einem ganz wichtigen Lernziel, das sowohl für die Rezeption als auch für die Produktion von Texten äußerst relevant ist: einen Text verstehen zu lernen – nicht als Sammelsurium von Einzelinformationen, sondern als ein Ganzes, dessen Teile nur an einem bestimmten Ort ihren Sinn haben und im Zusammenhang mit den anderen gesehen bzw. gebracht werden müssen.

(8.3) Daraus ergibt sich auch die Auswahl der Texte, die überhaupt für detailliertes Hören in Frage kommen.
Es sind in WEGE vornehmlich *expositorische* Texte, die einen Problemaspekt entwickeln und in einer bestimmten gedanklichen Reihenfolge darstellen. Bei den *fiktionalen* Texten soll die auditive Perzeption nur eine erste Beziehung zum Text herstellen, die freilich durch die intonatorischen Möglichkeiten gesprochener Sprache (vgl. Kroetz, *Mensch Maier*; Hauptmann, *Die Weber*; Drewitz, *Der Mann im Eis* – aber auch Kafka, *Gib's auf!*) besonders intensiv sein kann. Die genauere Konzentration auf Einzelheiten und daran anknüpfende Interpretation muß sich u. E. auf den Lesetext stützen. Sehr schwierig wird die Angabe von Details bei *dialogischen und multilogischen argumentativen* Texten, weil hier schon u. U. die Identifizierung der einzelnen Sprecher und die Bestimmung ihrer Positionen nicht einfach ist. Diskussionen werden im Fremdsprachenunterricht wohl besser im Prozeß des Hör-Seh-Verstehens präsentiert. Trotzdem enthält WEGE einige Beispiele dieser Textsorte und schlägt – besonders im Arbeitsbuch – spezielle Übungen dazu vor.

(8.4) Um detailliertes Hören sozusagen von relevanten Elementen her aufzubauen, sind im Arbeitsbuch von WEGE sogenannte Selektionsübungen vorgeschlagen (S; die entsprechenden Textpartien sind meist auf der AB-Cassette gesprochen; wenn die zu selegierenden Textteile allerdings länger sind und aufgeschrieben werden sollen, dann empfiehlt sich das Vorlesen durch den Lehrer, weil nach jedem Satz kürzere oder längere Pausen einzulegen sind).
An erster Stelle seien hier die Textteile genannt, welche die „Einzelinformationen" eines Textes miteinander verbinden. Wir unterscheiden zwischen zwei Gruppen: Konnektoren im engeren Sinn, die oft logische Beziehungen angeben, und Wiederaufnahmen, Anaphern. Daneben gibt es freilich eine Fülle von Wörtern (meistens Adverbien), die – außerhalb der engeren Liste der Konnektoren – Sätze zueinan-

S

der in Beziehung bringen. (Man stelle sich einmal vor, daß z. B. bei einem historischen Text ein „erst", ein „schon" oder „bereits" fehlt oder bei der Rede das einen Neuanfang markierende „nun"!)

Selektionsübungen zu Konnektoren und Anaphern stellen nun die Aufgabe, aus der Fülle der Worte eines Abschnitts nur diese Textteile *hörend* herauszufiltern und zu notieren. Eine zusätzliche Aufgabe, z. B. bei Pronomina, insbesondere bei Pronominaladverbien, wäre es, diese durch das entsprechende Nomen ersetzen zu lassen. Solche Übungen, häufig durchgeführt, machen an einer entscheidenden Stelle auf die Textgestaltung aufmerksam. Sie sind über das Hörverstehen hinaus *eine* Vorbereitung für eine die Stringenz des Textaufbaus nachvollziehende, ihn mitbedenkende Reproduktion. Um das Besondere dieser Übungen noch einmal zu betonen: Sie sollen nicht am Lesetext, sondern im Akt des Hörens geleistet werden. Sie sollen eine Lücke schließen helfen, die sich überall dort bildet, wo man glaubt, daß spezielle Markierungsübungen an *Lese*texten (die für das Erkennen von Textstrukturen unbedingt notwendig sind!) *eo ipso* bei der auditiven Perzeption zu adäquaten Selektionsfertigkeiten führen.
Solche Selektionsübungen sind aber nicht nur auf Konnektoren und Anaphern, d. h. in erster Linie auf textgrammatische Phänomene zu beschränken, sondern können auch andere Sprachebenen betreffen, z. B.

- die intonatorische: mündliche und/oder schriftliche Selektion der Haupt- und Nebenakzent tragenden Wörter eines Satzes;
- die lexikalische: (nur) alle Synonyme für das Schlüsselwort eines Abschnitts nennen/notieren;
  (nur) alle Verben eines Abschnitts notieren, die einen Prozeß/eine mehrstufige Handlung beschreiben;
  (nur) die Zahlen/Maßangaben notieren;
- die grammatische: Die Akteure/Agentia in Aktiv- und Passivsätzen notieren; Präpositionalphrasen (mit Attributen!) notieren – ihre Abhängigkeit hörend feststellen;
  alle Wörter/Verbformen nennen, notieren, die eine zeitliche Abfolge anzeigen; sprachliche Repräsentanten von Modalaussagen nennen/notieren;
  verschiedene Formen der Redeerwähnung feststellen.

Im Arbeitsbuch von WEGE konnten nur einige dieser Übungen paradigmatisch vorgeschlagen werden. Es dürfte für den Lehrenden keine Schwierigkeit sein, bei anderen Texten andere sprachliche Phänomene auszuwählen und diese ohne visuelle Unterstützung selegieren und notieren zu lassen.

(9) *WEGE bereitet die selbständige Mitschrift eines detailliert gehörten Textes auf verschiedene Weise vor*, u. a.
- durch Vorgabe von Mitschriften, deren wichtige Merkmale (z. B. Ausklammerung grammatischer Redundanzen, eindeutige Abkürzungen, Kennzeichnung zusammengehörender bzw. nicht zusammengehörender Stichworte durch ein besonderes Mit„schriftbild") vom Lerner auf der Basis der Vorgaben erkannt und formuliert werden sollen;

- durch Aufgaben, in Stichworten formulierte Übersichten (z. B. über historische Zusammenhänge) in Sätzen darzustellen; d. h. es wird sozusagen auf dem umgekehrten Wege (grammatische Redundanzen werden nicht ausgeklammert, sondern müssen eingefügt werden) ein Bewußtsein für dieses Phänomen geschaffen;
- durch die Aufforderung, für verschiedene Zwecke (z. B. ein Auskunftsgespräch, ein Interview, eine Diskussion) selbst Stichworte zu notieren und diese dann mündlich zu Sätzen zu komplettieren;
- durch Selektionsübungen der in (8.4) beschriebenen Art;
- durch „Lücken"mitschriften.

(10) *WEGE bietet – nach der auditiven Perzeption – eine Fülle von Textverarbeitungsmöglichkeiten an.* Sie reichen von der Beantwortung steuernder Fragen bis zu einer (möglichst) detaillierten Reproduktion von Textabschnitten, vom persönlichen Brief bis zum Rollenspiel, von der selbständigen Weiterführung von gedanklichen oder erzählerischen Textanstößen bis zur kritischen Diskussion, von Übungsangeboten, die auf Situationen im Gastland vorbereiten sollen, bis zum interkulturellen Vergleich. Dabei ist zwischen schriftlicher und mündlicher Kommunikation zu unterscheiden.

(11) *WEGE geht davon aus, daß die Progression in einem Hörprogramm für die Mittelstufe nicht allein von der Textsorte, der Textlänge, der Textdiktion abhängig ist. Das Lehrwerk versucht, die vielen anderen Faktoren zu berücksichtigen, die für eine Progression im Bereich Hörverstehen relevant werden.* Sie sollen im folgenden in Frageform skizziert werden:
- Welcher „Hörstil" wird für die Rezeption eines Textes gefordert bzw. ist der Textsorte angemessen?
- Wie weit entfernt ist der Textinhalt von der Erfahrungswelt des Lerners?
- Wird für das Verständnis des Textes notwendiges Weltwissen (und das Wissen entsprechender Lexik) bereits in der Vorlaufphase erworben oder im Text selbst vermittelt?
- Wie ist das „Speicherproblem" gelöst? Soll der Lerner auf der Basis des Gedächtnisses, vorgegebener Speicherhilfen oder selbstangefertigter Speicherhilfen rekonstruieren?
- Wie oft wird der Text präsentiert? Wie wird der Text präsentiert? (Präsentation mit Hilfe der Cassette ist anders als ein Vortrag durch den Lehrer, *Vorlesen* zu unterscheiden von *Vortragen*!)
- Welche Formen der Wiedergabe bzw. Weiterverarbeitung eines Textes werden gefordert?

WEGE versucht, all diese Gesichtspunkte bei der Konzeption des HV-Programms zu berücksichtigen. Progression in einem oder zwei dieser genannten Teilbereiche bedeutet, daß die anderen für Hörverstehen wichtigen Faktoren nicht erschwert werden, u. U. sogar der Schwierigkeitsgrad etwas zurückgenommen wird. So wird z. B. ein relativ konzentrierter Text im ersten Drittel des Lehrwerks nur mit Hilfe von Multiple choice „verarbeitet", Mitschrift zunächst nur an sehr kleinen, leicht verständlichen Einheiten geübt. Gegen Ende des Lehrwerks kann die Progression dann steiler werden und mehrere Aspekte gleichzeitig berücksichtigen.

Leseverstehen

Hans Jürg Tetzeli von Rosador

Das Leseverstehen wird in WEGE als eigenständige Fertigkeit entwickelt. Die Lerner sollen befähigt werden, die Textsorte, die Gliederung der Texte und die Absicht des Autors zu erkennen, den Texten Informationen zu entnehmen oder sie zu interpretieren.

In der neueren Literatur über das Leseverstehen wird zu Recht darauf hingewiesen, daß Lesen zwar eine rezeptive Fertigkeit sei, beim Leser aber eine starke Aktivität voraussetzt, da Textverstehen in einem kommunikativen Akt zwischen dem Text und dem Leser entsteht.
Die längere Beschäftigung mit einem Text, das textverarbeitende Lesen, setzt voraus, daß der Text den Leser anspricht. Deshalb haben wir uns bemüht, die Texte nach ihrem möglichen Interesse für den Leser/Lerner auszuwählen. Da die Zielgruppe vor allem Studienbewerber sind, enthält das Lehrbuch eine Reihe von einschlägigen Texten (Informationen über Immatrikulationsbedingungen, Arbeitsmöglichkeiten für Studenten etc.). Wenn solche Texte manchmal auch „trocken" sind, so können sie doch Entdeckerfreuden bereiten, wenn man lernt, sie mit den richtigen Lesestrategien zu bearbeiten.
Progression beim Leseverstehen verstehen wir nicht als ein ständiges Voranschreiten von leichten zu immer schwereren Texten. Oft stehen relativ leichte Texte als Ruhepunkte nach schwierigen Texten. Die Lesetexte der späteren Lektionen weisen aber im allgemeinen einen höheren Schwierigkeitsgrad auf als die der früheren. Der sprachliche Schwierigkeitsgrad spielt aber bei der Progression nicht die entscheidende Rolle, wenn die Aufgabenstellung kein totales Leseverstehen verlangt und die Lerner nicht überfordert. Mindestens ebenso wichtig wie der Schwierigkeitsgrad war bei der Textauswahl die Frage, ob an den Texten bestimmte Lesestrategien gelernt werden können.

Ein wichtiges Kriterium der Textauswahl war ihre Authentizität. Darunter verstehen wir, daß die Texte von ihren Autoren in einer bestimmten Situation zu einem bestimmten Zweck geschrieben worden sind. Bei den Lesetexten handelt es sich ausschließlich um vorgefundene Texte, die – von Ausnahmen abgesehen – nicht verändert und nicht in sich gekürzt wurden, da unserer Meinung nach die Lernenden auf der Mittelstufe mit der vollen Komplexität der Sprache konfrontiert werden müssen. Von der vielfältigen Realität her, in der sich die geschriebene Sprache manifestiert, begründen wir die Vielfalt der berücksichtigten Textsorten. Bei der Arbeit am Text versuchen wir, durch vier verschiedene Lesestile, durch Aufgaben zur Texterschließung, Unterscheidung von Haupt- und Nebeninformationen, Markieren von Strukturwörtern für methodische Differenzierung zu sorgen und die Lerner zu einem Textverständnis hinzuführen, das dem universitären Kommunikationsprozeß angemessen ist.

Die Entwicklung von vier Lesestilen

(1) Totales Lesen

Dieser Lesestil, bei dem der Inhalt des Textes vollständig aufgenommen und die Absicht des Autors Satz für Satz verstanden werden soll, überwiegt in WEGE. Ursprünglich bestand zwar die Absicht, die anderen Lesestile in gleichem Maße zu entwickeln, da die Leser/Lerner in der Zielsprache ohnehin meist zum totalen Lesen neigen. Das genaue Verständnis von Texten, deren innerem Aufbau und der Absichten des Autors sind aber gerade für Studienbewerber zu wichtige Lernziele, als daß man sie den anderen gleichstellen dürfte.

Auf der Wortebene wird totales Lesen durch Komplettieren von Lückentexten (AB, Lektion 3 und 15) geübt, wobei jeweils nur ein Wort aus dem Kontext (dem Satz) erschlossen werden soll. Auf der Satzebene wird die Bedeutung logischer Bezüge herausgestellt und an Einzelphänomenen geübt:
- Konditionales Verhältnis (LB 3D, AB 7),
- Finales Verhältnis (LB 3D, AB 11),
- Konzessives Verhältnis (LB 5B, AB 5),
- Adversatives Verhältnis (LB 5D, AB 7),
- Kausales Verhältnis (AB 9),
- Proportionalverhältnis (AB 7),
- Konsekutives Verhältnis (AB 22).

Logische Beziehungen zwischen Sätzen bzw. Satzteilen sollen bei Übungen mit „Organizern" hergestellt werden (LB 3A, 5B).
Übungen zum genauen Verständnis der Textbezüge finden sich mehrfach im Lehrbuch (LB 5B, 8D, 10B, 17C).
Voraussetzung für ein genaues Verständnis von Texten ist das Vermögen, Wichtiges von Unwichtigem zu unterscheiden. Das Lehrbuch enthält Hinweise und Aufgaben zur Unterscheidung von Leit-, Haupt- und Nebeninformationen (LB 5A, 8D, 12B). Schlüsselwörter sollen mit oder ohne Vorgaben gefunden werden (LB 5A, 17C).
Das Lehrwerk versucht auch, die Struktur ganzer Texte zu erklären. In Lehr- und Arbeitsbuch werden zur Aufzählung („additive und temporale Sequenz") Hinweise gegeben sowie Redemittel und Übungen angeboten (LB 3D, 13B, AB 3). Die Struktur argumentativer Texte und die dialektische Argumentation werden vorgestellt (LB 15E). Am Ende des Lehrbuchs wird gezeigt (LB 22B), wie das Thema eines Textes entfaltet wird, wobei zu bekannten Tatsachen neue Informationen hinzukommen, so daß gleichsam eine Kette von bekannten und unbekannten Informationen entsteht.

Zum totalen Textverständnis gehört es auch, die Absicht des Autors und seine Perspektive zu erkennen (LB 3A, 5D, 17C). Bei der Perspektive des Autors werden Standort, Blickwinkel und Einstellung unterschieden. (Dies muß nicht intensiv geübt werden, die Lerner sollen nur auf das Problem aufmerksam gemacht werden.)

Um die Absicht eines Autors richtig zu erkennen, muß auch der Unterschied zwischen realem und hypothetischem Charakter einer Aussage (LB 15G) und die Rolle der Ironie (LB 20A) verstanden werden.

Das Lehrbuch bietet noch eine Fülle von Aufgabentypen zur Überprüfung des totalen Leseverstehens:
- die Trennung von zwei collagierten Texten (LB 4C),
- die Übertragung von Maßangaben aus einem Text in eine Skizze(LB 4C),
- den Satz-für-Satz-Vergleich zweier fachsprachlicher Texte über das gleiche Thema (LB 19A),
- die Korrektur einer falschen Aussage in einer Zusammenfassung (LB 22B),
- die schriftliche Interpretation von unbestimmten Stellen in einem fiktionalen Text (LB 21E).

(2) Kursorisches Lesen

Bei der Entwicklung des kursorischen Lesens werden die Lerner aufgefordert, die Hauptinformationen des Textes zu finden und zu formulieren (z. B. LB 9C und 11C). Einzelnen Textabschnitten werden vorgegebene Leitgedanken zugeordnet (z. B. LB 13C) oder die Leitgedanken müssen selbst formuliert werden (z. B. AB 13). Die wichtigsten Thesen eines Textes (LB 12E) und die Bedeutung des Grundgedankens für ein Buch (LB 8D) sollen erkannt werden. Hauptinformationen werden ungeordnet vorgegeben, und die Lerner sollen sie – nach möglichst nur einmaligem Lesen des Textes – in die richtige Reihenfolge bringen (LB 15C, 18C). Auch die Unterteilung eines ungegliederten Textes in Abschnitte (LB 21B) zielt auf die Schulung des kursorischen Lesens ab. Auch *w*-Fragen und *ja/nein*-Fragen schulen das kursorische Leseverstehen, wenn sie nur nach den Hauptinformationen gestellt werden.

(3) Selegierendes Lesen

Das selegierende Lesen wird zumeist durch steuernde Fragen und Aufforderungen entwickelt. Im Unterschied zum orientierenden Lesen weiß der Leser beim selegierenden Lesen, daß der Text Antworten auf bestimmte Fragen enthält. Das selegierende Lesen dient im Lehrbuch auch der Vorbereitung auf kursorisches oder totales Lesen.
Eine gute Möglichkeit, selegierendes Lesen zu üben, besteht darin, verschiedenen Texten vergleichbare Informationen zu entnehmen. Es werden (z. B. in LB 3A) Paraphrasen zu schwierigen Textstellen angeboten, deren Entsprechungen im Text aufgefunden werden müssen. Vergleichbare Informationen in verschiedenen Textsorten (Autobiographie und Gesetzestext, LB 13A) sollen gesucht werden.
Ferner kann man bestimmte Themen vorgeben, die im Text behandelt werden. Zu einigen von ihnen sollen die Lerner Informationen im Text suchen (LB 10B). Des weiteren können sie dazu aufgefordert werden, diejenigen Informationen auszuwählen, die für die Durchführung einer Handlung nötig sind (z. B. Kochrezept, LB 11A).
Eine beim Lesen von Fachtexten wichtige Studiertechnik ist die Entnahme von

Informationen zur Vervollständigung einer Tabelle, eines Diagramms etc. (LB 20C). Bei Lektion 20C sollen die Lerner einem langen und schwierigen Lexikonartikel nur die Informationen entnehmen, die für die Vervollständigung der Diagramme nötig sind. Oberstes Lernziel ist hier selegierendes Lesen. Der anschließend geforderte Vergleich zwischen dem Schulsystem der Bundesrepublik Deutschland und dem der DDR, zu dem mindestens kursorisches Verständnis nötig ist, ist fakultativ.

Zur Übung des selegierenden Lesens kann der Lehrer zusätzlich die Register zweier vergleichbarer Fachbücher verwenden.

(4) Orientierendes Lesen

Das orientierende Lesen wird gewöhnlich durch Fragen entwickelt. In WEGE werden die Lerner in der Vorlaufphase häufig aufgefordert, sich aufgrund von Titel, Untertitel und ggf. Zwischenüberschriften einen Überblick über den Text zu verschaffen und den Text auf sie interessierende Informationen hin zu befragen. Die Übung des orientierenden Lesens bildet den Schwerpunkt in drei Lektionsteilen des Lehrbuches: 1B, 6A und 17B.

In 1B werden Themen vorgegeben, die den Lerner interessieren könnten, und er muß herausfinden, *ob* der Text Informationen dazu enthält. In 6A wird die Orientierung über Zeitungstexte dadurch erleichtert, daß Hinweise zur Grobstruktur von Berichten (über Umfragen und Studien) gegeben werden. Durch orientierendes Lesen kann auch festgestellt werden, ob der Text Informationslücken enthält. Dies geschieht hier durch die Beantwortung von Fragen und durch das Ausfüllen einer Tabelle.

Der wichtigste Abschnitt für die Entwicklung des orientierenden Lesens ist der Lektionsteil 17B, denn hier wird eine für Studienbewerber relevante Studiertechnik, die Erstorientierung über ein Buch, geübt. Anhand von Titel, Untertitel, Angaben über den Autor, Impressum, Vorwort und Kritikerstimmen sollen sich die Lerner über ein wichtiges medizinisches Standardwerk orientieren. Hinzu kommt die Orientierung am Inhaltsverzeichnis (am Beispiel des Inhaltsverzeichnisses von „Vorsicht, Arzt!", AB 17). Zur Übung des orientierenden Lesens können auch die beiden Inhaltsverzeichnisse des Lehrbuchs von WEGE herangezogen werden.

Die Lesestile sind aber nicht immer scharf voneinander zu trennen. Die Kombination der Lesestile ist auch in der Praxis recht häufig: So sucht ein Student in einem Fachbuch eine wichtige Stelle (selegierendes Lesen) und liest sie dann sehr aufmerksam (totales Lesen). Deshalb werden die Lernenden im Lehrbuch auch gelegentlich aufgefordert, einen Text zuerst selegierend und dann total zu lesen, zumal das selegierende Lesen auch der Vorbereitung auf das totale Lesen dient.

Reproduktion und Produktion

Gabriele Neuf-Münkel

1 Reproduktion

(1.1) Unter „Reproduktion" sei hier verstanden die Rekonstruktion eines vorgegebenen Inhalts in sprachlich mehr oder minder selbständiger Form. In vielen Fällen bedeutet „Reproduktion" eine *Reduktion* vorgegebener Inhalte auf wesentliche (d. h. die Text„entwicklung" entscheidend mitbestimmende) inhaltliche Momente. Besonders bei Fremdsprachlern ist es durchaus erstrebenswert, bei der Text(re)konstitution vereinfachte sprachliche Strukturen anwenden zu lassen.

(1.2) Reproduktion ist sozusagen die unterste Form von Textverarbeitung. Sie ist damit Ausgangsbasis für „höhere", dem produktiven Bereich immer näher kommende Verarbeitungsformen wie Zusammenfassung, Inhaltsangabe oder Kommentar. Es muß „gesichert" werden, was ein Autor gesagt hat, um dieses „was" zu analysieren, zu interpretieren, weiterzuverwenden.

(1.3) Es ist durchaus sinnvoll, diesen Bereich „Reproduktion" in erster Linie mit dem Bereich „Hörverstehen" zu kombinieren, weil der in der Zeitfolge dargebotene Text, falls er nicht schriftlich vorliegt oder auf Band festgehalten wurde, nicht zur Verfügung steht.

(1.4) Neben einer Reproduktion, die Texte/größere Textteile als ganze zusammenfassend oder detailliert wiedergibt, gibt es auch eine „selektive" Reproduktion, die sich z. B. auf die Basis selektiven Hörens stützen kann: Die Auswahl der zu reproduzierenden Inhaltsmomente ist von einem bestimmten Gesichtspunkt, einem Interesse geleitet, das die Konzentration des Hörers auf dafür relevante Textteile lenkt.

(1.5) Obwohl nun aber Reproduktion auch in WEGE mit Hörverstehen eng verbunden ist, bedeutet dies nicht, daß diese Teilfertigkeit nur deshalb beansprucht wird, weil sie zur Überprüfung von Hörverstehen benötigt wird. Sie ist vielmehr eine unbedingt notwendige Voraussetzung für die Weiterverarbeitung von Texten und ist deshalb für diese Adressatengruppe eigenständiges Lernziel des Fremdsprachenunterrichts.

(1.6) Auch im Bereich „Reproduktion" ist eine Progression anzustreben: Der Lerner soll die sprachliche Neukonstitution des Textes immer flüssiger, variantenreicher und – bezogen auf die Textebene – stringenter durchführen können. Während bei der Produktion von Texten die Konzentration auf der Generierung inhaltlicher Momente liegt, stehen bei der Reproduktion die Probleme sprachlicher Gestaltung im Vordergrund. Im Gegensatz zu isolierten lexikalischen und

grammatischen Übungen benötigt der Lerner für die Rekonstruktion eines Text-
teils potentiell sein gesamtes Sprachwissen, das zumindest teilweise in Sprachkönnen übergegangen sein muß.
Dies bedeutet nicht nur Auseinandersetzung mit all den lexikalisch-syntaktisch-
semantischen Problemen des Einzelsatzes, sondern auch mit Fragen einer schlüssi-
gen Verbindung von Einzelsätzen zu einem Text. Übungen zur Reproduktion von
Texten/Textteilen sind Anwendungsübungen für das sprachliche Regelsystem *in
toto*.

(1.7) Es ist zu unterscheiden zwischen den Zielen mündlicher und schriftlicher
Reproduktion. Bei mündlicher Reproduktion sollten – neben dem Kriterium von
sachlich-logischer Richtigkeit – vor allem Verständlichkeit sowie eine gewisse
Sprachflüssigkeit im Vordergrund stehen. Dabei ist auf den intonatorischen Bereich besonders zu achten. Bei der schriftlichen Reproduktion wird möglichst
fehlerfreie Orthographie und sprachliche Gestaltung angestrebt.

(1.8) Um die Fülle der Sprachprobleme bewußt zu machen, ist es empfehlenswert,
– zunächst mit der Gesamtgruppe Rekonstruktionsversuche durchzuführen,die
  möglichst variantenreich sind,
– dann in kleineren Gruppen arbeiten zu lassen,
– am Ende dem individuellen Lerner die Ausgestaltung eines durch Stichworte
  vorgegebenen Textgerüsts als Aufgabe zu stellen.

2 Produktion

Im Gegensatz zu „Reproduktion" bedeutet „Produktion", daß der jeweilige Spre-
cher/Schreiber sowohl den Inhalt als auch dessen sprachliche Gestalt hervorbringt.
Dabei gibt es ganz verschiedene Grade von inhaltlicher und auch sprachlicher
Selbständigkeit: Nahe am Bereich Reproduktion würden z. B. Analysen vorgege-
bener Textstellen, eine metasprachlich konzipierte Zusammenfassung oder auch
die Verbalisierung eines Schaubilds stehen, das Schlüsselbegriffe und eindeutige
Zeichen für deren Verknüpfung enthält; Produktion in reiner Form wäre z. B. eine
Stegreif-Rede ohne ausführliche Vorgaben und Notizen.
Die Fülle der Produktionsaufgaben, die sich im Lehrwerk WEGE befindet, läßt
sich grundsätzlich in zwei Bereiche gliedern:

(2.1) *Produktionsaufgaben (im allgemeinen mehr mündliche als schriftliche Produktion fordernd), die sozusagen im Rezeptionsrahmen von Lese- und Hörtexten
stehen.* Hier sind sie zunächst in der „Vorlaufphase" zu finden: Interpretation von
Überschriften; Wort- und Begriffserklärungen; Brainstorming zu möglichen Äußerungen des Textes; Sammeln von Argumenten pro und contra; Interpretation von
Schlüsselsätzen des folgenden Textes. Die meisten dieser Aufgaben erfordern die
im allgemeinen mündliche Produktion von Kurztexten im Frontalunterricht bzw.
in der Gruppe. Kriterien wären die inhaltliche Relevanz der Lernergebnisse (dies
müßte, um Sprechangst abzubauen, sehr großzügig behandelt werden) und die
Verständlichkeit der Sprache. Die einzige Ausnahme sollte wohl bei Definitionen

gesetzt werden: Bei diesen redundanzfreien Kürzesttexten ist sowohl inhaltliche Präzision als auch sprachliche Korrektheit anzustreben.

Längere mündliche und schriftliche Textproduktionen werden nach der Rezeptions- und Reproduktionsphase für die Weiterverarbeitung von Texten gefordert, z. B.:

– Diskussionen, die Textaussagen relativieren, vergleichen, interpretieren/analysieren;
– Wechsel des Sprachregisters, (meist verbunden mit der Verarbeitung rezipierter Inhalte in einer neuen Textsorte, die ein anderes kommunikatives Ziel hat);
– Rollenspiele, die reale Kommunikationssituationen imitieren;
– monologische Kurzvorträge, die eigenes Weltwissen mit neuen, durch die Rezeption eines Textes vermittelten Informationen zu einem neuen Textganzen zusammenfügen;
– Berichte und Reflexionen, die kulturelle Phänomene des Heimatlandes mit „Äquivalenzen" des Zielsprachenlands vergleichen.

Für alle diese Aufgaben gelten die Forderungen, die oben für mündliche bzw. schriftliche Reproduktion aufgestellt wurden: Verständlichkeit bei mündlicher Produktion und Verständlichkeit *und* sprachliche Korrektheit bei schriftlicher Produktion.

Da aber diese Texte meistens eine größere Länge haben, kommt ein weiterer Gesichtspunkt dazu, der von Lehrenden und Lernern nie überschätzt werden kann: Textproduktion muß in mehreren Stufen erfolgen.

Die gedankliche Entwicklung muß vorgeplant und in Stichworten festgehalten sein. Sogar beim sogenannten kreativen Schreiben (vgl. das Projekt „Der Kurs sammelt") sollte Textgestaltung nie der Assoziation überlassen bleiben, die Lerner sind immer wieder auf die Notwendigkeit makrostruktureller Ordnungsschemata hinzuweisen. Diese können natürlich ganz verschiedener Art sein: bei einem expositorischen Text oder einem Statement eine additive Sequenz; bei einer Bildbeschreibung der Beginn beim Zentrum des Geschehens. Wichtig ist die planende Konzeption *vor* dem eigentlichen Akt des Sprechens und besonders vor dem des Schreibens. – In einem zweiten Schritt werden die Stichworte entfaltet, der Text entsteht aus zusammenhängenden Satzfolgen. – In einem dritten Schritt sollte das Geschriebene daraufhin überprüft werden, ob es sprachlich korrekt ist.

(2.2) Neben den vielfältigen Produktionsaufgaben, die im Rezeptionsrahmen von Lese- und Hörtexten stehen, wird in WEGE die *Gestaltung von Textsorten* vorbereitet und geübt, *die speziell für Studenten relevant sind:* Verbalisierung von Schaubildern, Tabellen, Graphiken; Bildbeschreibung; Kommentar; Diskussion. Hier werden Einzelschritte, die für die Produktion solcher Textsorten notwendig beachtet werden müssen, sehr genau vorgegeben und in vielen Fällen eine Auswahl von Redemitteln bereitgestellt. Wo dies sinnvoll ist, wird eine Progression angestrebt, die selbstverständlich sowohl durch eine höhere Komplexität des zu Beschreibenden als auch eine Reduzierung von (sprachlichen oder methodischen) Hilfen, d. h. höhere Anforderungen an die Selbständigkeit des Lernenden, realisiert werden kann.

Grammatik und Lexik

Bernd Latour

1 Lehrbuch

1.1 Grammatik

Wer das Inhaltsverzeichnis des WEGE-Lehrbuchs durchblättert, findet hier Grammatik erst auf den zweiten Blick: In der Mittelstufe sollten die kommunikativen Fertigkeiten wie Hör- und Leseverstehen sowie die Verbalisierung von Sprechintentionen eindeutig den Vorrang haben, nach dicsem Prinzip ist WEGE angelegt. Das aber heißt: Die Grammatik kann und soll nicht mehr in der gleichen Weise, wie dies in Grundstufen-Lehrwerken in der Regel der Fall ist, die Progression steuern. Grammatik soll vielmehr, wo immer dies möglich ist, auf die zu erwerbenden kommunikativen Fertigkeiten bezogen sein. Sie hat somit im Lehrbuch über weite Strecken eine weitgehend dienende Funktion, sie dient besonders der Erschließung von Texten. Hauptsächlich zwei Aufgabentypen, die man auf den ersten Blick vielleicht gar nicht als grammatikspezifisch ansehen wird, gehören hierher: die Übungen zu den Textbezügen (z. B. Lektion 5) sowie die Interpretation von Sprechabsichten (z. B. Lektion 8). Des weiteren wurde bei der Vermittlung von grammatischen Strukturen Wert auf deren (Text-) Funktion gelegt, so etwa beim *werden*-Passiv, das wir im Prinzip zwar als bekannt voraussetzen, aber im Kontext einer für diese Struktur typischen Textsorte (Kochrezept) und im Kontrast zum *sein*-Passiv noch einmal behandeln.

Bei der Behandlung der Grammatik haben wir uns bemüht, formalgrammatische mit inhaltsgrammatischen Ansätzen zu verbinden.

Lerner suchen nach Realisierungen von Sprechabsichten, für die ihnen die entsprechenden Wörter und/oder Strukturen fehlen, und wenn ihnen bereits Ausdrucksalternativen bekannt sind, fragen sie nach den Unterschieden. Unterrichtlichen Standardsituationen dieser Art wollten wir Rechnung tragen, indem wir

(a) mehrfach von Konzepten ausgehen (z. B. „die kausale Relation")
(b) und bei Alternativen wiederholt auf Unterschiede zwischen Wörtern und Strukturen, die die Lerner oft verwechseln, eingehen.

Dennoch soll hier nicht der Eindruck entstehen, es würde außer der Vertiefung des bereits Bekannten in Sachen Grammatik nichts Neues passieren. Für die Lerner, die die Grundstufe absolviert haben, sind vielmehr u. a. die folgenden Komplexe wahrscheinlich neu:

(a) Textlinguistik: Hier werden die Übungen zu den Textbezügen (s. o.) aus den Anfangslektionen wieder aufgenommen und auf eine theoretische Stufe gehoben, z. B. „Strukturwörter" und „Argumentation".
(b) Die Grammatik der Nominalphrase: Hierher gehören etwa das Partizipialattribut, die Nominalisierung sowie der attributive Genitiv in Subjekt- bzw. Objekt-

funktion. Diese Strukturen sollen jedoch nur verstanden, nicht aber produziert werden; letzteres scheint uns Aufgabe für eine spätere Stufe des Spracherwerbs zu sein. Die Behandlung dieser Strukturen hat also auch wieder eine dienende Funktion im Hinblick auf die Texterschließung.

1.2 Lexik

In diesem Bereich steht die Vermittlung von Wortfamilien im Vordergrund, so z. B. die Verben des Urteilens in Lektion 1 oder die Zeitbegriffe auf S. 146/147 des Lehrbuchs. Wichtig ist wiederum die Unterscheidung zwischen bedeutungsähnlichen Wörtern (s. o.: „Was ist der Unterschied zwischen...?"). Lexik wird weiter dort vermittelt, wo für bestimmte Sprechintentionen oder die Bewältigung von Aufgaben Redemittel bereitgestellt werden. Hinzuweisen ist in diesem Zusammenhang darauf, daß nicht nur isolierte Wörter, sondern auch Satzanfänge und Formeln vermittelt werden (z. B. *Ich bin der Meinung, daß...* oder *Ich würde lieber...*), die den Lernern die aktive Teilnahme an Diskussionen erleichtern sollen. Schließlich erscheint Lexik in den Glossaren am Ende jedes Textes.

Im übrigen sind Grammatik und Lexik nicht immer eindeutig zu trennen; dies ist z. B. nicht möglich bei den festen Verbindungen, die von Wörterbüchern und Grammatiken gleichermaßen aufgeführt werden, ebensowenig wie bei der Textkonstitution, an der Grammatik und Wortschatz prinzipiell in gleicher Weise beteiligt sind. Auch bei der Vermittlung von Redemitteln zur Bewältigung gestellter Aufgaben greifen beide Bereiche ständig ineinander.

2 Arbeitsbuch

Der Benutzer von WEGE wird das meiste von dem, was er an Grammatik im Lehrbuch vermißt, im Arbeitsbuch finden. Letzteres hat in den Bereichen Grammatik und Wortschatz vor allem die folgenden Aufgaben: Das Arbeitsbuch nimmt Themen, die im Lehrbuch intoniert werden, wieder auf und erweitert und systematisiert sie. Dies ist etwa der Fall beim Partizipialattribut, den Modalpartikeln und der Passivumschreibung. Weiter soll es das Lehrbuch von eher formalen Aufgaben entlasten, d. h. von solchen Aufgaben, bei denen der Bezug zu den Lektionstexten oder den thematisierten kommunikativen Fertigkeiten nur sehr locker oder gar nicht vorhanden ist. Hierher gehören u. a. Übungen zu den Abkürzungen, zur Zeichensetzung oder zur Orthographie.
Schließlich ist im Arbeitsbuch die Erfahrung berücksichtigt, daß den Lernern zwar viele Regeln irgendwie bekannt sind, daß sie diese aber nicht richtig anwenden können; kurz: die Diskrepanz von (Halb-)Wissen und (Nicht-)Können wurde hier berücksichtigt. Zu diesen Bereichen, für die man sogar noch auf der Oberstufe Wiederholungsübungen ansetzen muß, gehören z. B. die Präpositionen bei Verben, Adjektiven und Substantiven, außerdem ein sehr großer Teil der Verbmorphologie (*haben/sein*-Perfekt, starke/schwache Verben etc.). Das Arbeitsbuch hat also neben einer systematisierenden auch eine korrektive Funktion.
Lerner sind durchaus bereit, sich an explizit formulierten Regeln zu orientieren; sie haben diese jedoch oft nur unvollständig oder falsch gespeichert. Bei manchen

Übungen ist es daher Teil der Aufgabe, die zugrunde liegende Regel nach Vorgabe selbst zu formulieren.

In einer Reihe von Übungen sind mehrere Grammatikkomplexe zugleich zu bewältigen. So sind z. B. die Adjektiv-Endungen sowie der Genusaspekt des Artikels (ob es *der*, *die* oder *das* heißen muß) nicht eigens thematisiert, sondern werden in ganz unterschiedlichen Aufgaben jeweils mitgeübt.

Wortbildungslehre

Gabriele Neuf-Münkel

Das kleine Übungsprogramm zur Wortbildungslehre soll nicht dazu führen, daß Regularitäten der Wortbildung vom Lerner überschätzt werden und – bei produktivem Gebrauch – zu nicht üblichen oder mit anderem Bedeutungsinhalt gefüllten „Wortschöpfungen" verleiten. Aber auch wenn man berücksichtigt, daß die Entwicklung des lexikalischen Systems der deutschen Sprache überaus kontingent ist, bedeutet die Einsicht eines erwachsenen Lerners in relevante Phänomene der Wortbildung eine nützliche Hilfe, um
– die Bedeutung von Wörtern, insbesondere von Komposita festzustellen;
– den Wortakzent auf die richtige Silbe zu setzen;
– das Wort richtig zu schreiben;
– Wörter und Wortfamilien besser zu memorieren;
– bei einer Reihe von Substantivsuffixen Genus und Deklination verfügbar zu haben.

Wortbildungslehre strebt die Realisierung der beiden folgenden Fein-Lernziele an: Der Lerner soll zwischen Derivaten und Komposita unterscheiden sowie Derivate und Komposita in ihre Bestandteile zerlegen können. Dies setzt wieder voraus, daß Phänomene der Assimilation, der Ellipse usw. erkannt werden.
Eine auf Erkennen der Wortbestandteile aufbauende *Wortanalyse* ist ein nächstes Lernziel, das freilich nur bei solchen Wörtern sinnvoll anzustreben ist, bei denen Herkunft und Bedeutung noch in erkennbarem Zusammenhang stehen. Dies ist bei vielen Lexemen gegeben.

Auf jeden Fall darf nicht versäumt werden, den Lerner mit frequenten Affixen der deutschen bzw. – in Fremdwörtern – der lateinischen und griechischen Sprache vertraut zu machen. Sicher sind viele dieser Affixe polyfunktional und enthalten eine Fülle synonymer Varianten; aber genau dies kann vermittelt werden. Damit erhält der Lerner nicht zu unterschätzende Möglichkeiten, die Bedeutung eines Wortes auf der Basis seiner Elemente intuitiv zu verstehen, teilweise oder ganz zu analysieren und eine genauere Worterklärung vorzubereiten.

Wortbildungslehre hat in einem studienvorbereitenden Lehrbuch deshalb eine ganz besondere Bedeutung, weil sie auf eine adäquate Rezeption und Verwendung von Termini der späteren Fachsprache vorbereitet.
Besonders fremdsprachliche Termini, oft Kunstworte, die aus Bestandteilen des lateinischen oder griechischen Lexikons zusammengesetzt sind, erscheinen dem Lerner als undurchschaubare Anhäufungen von Buchstaben, wenn er nicht über Voraussetzungen verfügt, diese Termini in Teile zu zerlegen und durch Identifizierung von Teilbedeutungen Wortgestalt und Definition in eine Verbindung zu bringen.

Die Übungen zur Wortbildungslehre sind fast immer mit den (ebenfalls im Arbeitsbuch abgedruckten) Hörtexten verbunden. Den Hörtexten wurde deshalb der Vorzug gegeben, weil die Lesetexte u. U. schon mehrmals durchgearbeitet wurden und Anschlußaufgaben leicht zu einem Überdruß am konkreten Text führen können.

Wo dies sinnvoll erscheint, wird folgende Methode empfohlen:
– Suchen nach Wörtern, die bestimmte Wortbestandteile enthalten;
– Suchen analog gebildeter Wörter;
– Formulierung möglicher / wahrscheinlicher Regularitäten;
– Vergleichen gefundener Regularitäten mit den Ausführungen der Referenzgrammatik.

Die Übungen zur Wortbildungslehre gehen – von wenigen Ausnahmen abgesehen – nicht über die in die Referenzgrammatik aufgenommenen Ausführungen hinaus. Erprobungsversuche haben gezeigt, daß solche Aufgaben zu Wortanalysen Anlaß zu vielen kleineren Gesprächen sind, die den Unterricht (in Gruppen, aber sogar auch im Frontalunterricht) sehr beleben.

Wörterlernen

Andreas Deutschmann

Wörterlernen erfordert vom Lerner nicht nur Disziplin, Fleiß, Ausdauer und Konzentrationsfähigkeit (alles Dinge, die man trainieren kann), sondern auch die Beherrschung bestimmter Techniken, z. B. im Hinblick auf Wortnotierung oder Anlegen von Wortkarteien.

Wenn man davon ausgeht, daß Fremdsprachenlernen interkulturelles Lernen ist, ist Wörterlernen eine komplexe Angelegenheit. Es darf nicht als eine bloß mechanistische Tätigkeit mißverstanden werden. In einem umfassenden Sinn ist Wörterlernen vielmehr Verstehensarbeit, eine intellektuelle Tätigkeit, die Intelligenz, Geschick, Sensibilität, Sinn für Vergleichen, für Nuancen, für stilistische Feinheiten u. ä. verlangt. Die „Hosenbodenmethode", das Einprägen und Auswendiglernen, ist unumgänglich. Wörterlernen darf aber nicht als reine Fleiß- und Gedächtnisleistung betrachtet werden.

Der Lerner muß sich selbst und anderen Dinge, Sachverhalte klarmachen können. Dies kann er zunächst, d. h. in der Grundstufe, weitgehend nur in der Muttersprache und mit Hilfe muttersprachlicher bzw. eigenkultureller Erklärsysteme leisten, wobei er innerhalb ausgangskulturell heterogener Lernergruppen meistens auf sich allein gestellt ist. Man darf nie aus den Augen verlieren, daß Lernen, Unterricht, Erklären, Definieren usw. kulturvariant sind: abhängig von kulturellen Systemen. Aufgabe des Lehrers ist es, beim Lerner nach und nach die Fähigkeit zu entwickeln, Erklärungen, Definitionen, Sprachreflexion, Sprachvergleiche usw. auch in der Fremdsprache und mittels fremdsprachlicher bzw. fremdkultureller Erklärsysteme, Sinnsysteme zu leisten. Nicht nur der Lerngegenstand, d. h. die Fremdsprache, sondern auch fremdkulturelle Lernmethoden, Vermittlungstechniken usw. müssen allmählich ihre Fremdheit für den Lerner verlieren. Die Erfüllung dieser Forderung ist Voraussetzung für unterrichtliche Kommunikation innerhalb multikultureller Lernergruppen.

Es gibt verschiedene Wege des Wortverständnisses und der Worterklärung. Folgende Wege sollte der Lerner nach und nach beherrschen:

(1) *Übersetzung in die Muttersprache und Vergleich mit der Muttersprache:* Dies ist der kürzeste Weg zur Worterschließung zwischen Lerner und Lerngegenstand. Er setzt voraus, daß der Lerner mit zweisprachigen Wörterbüchern, kontrastiv angelegten Grammatiken, Synonymwörterbüchern, Bildwörterbüchern usw. selbständig umgehen kann.

(2) *Beispielsatz:* Mindestens ein Beispielsatz soll notiert werden, und zwar in der Fremdsprache. Das Wort und der Beispielsatz können muttersprachlich kommentiert werden, was innerhalb multikultureller Lernergruppen jeder Lerner für sich tun muß.

(3) *Definition und logische Einordnung; thematische, vor allem landeskundliche Einordnung:* Mit multikulturellen Lernergruppen muß dieser Weg schon in Anfängerklassen begangen werden, z. B. „ein Buch ist eine Sache, aber Herr Schmitt ist eine Person" im Zusammenhang mit den Fragepronomen „was?" versus „wer?"; „Obst" als Oberbegriff zu „Apfel", „Banane" usw., „Gemüse" als Oberbegriff zu „Karotte", „Blumenkohl" usw.; „Gewerkschaft" im Zusammenhang mit „Tarifpartner", „Streik", „Lohnforderung" usw.

(4) *Paraphrase, Periphrase und Antiphrase:* Diese Techniken, die in der Fremdsprache angewendet werden, dienen vor allem der Vertiefung des Wortverständnisses. Beispiel für eine Paraphrasierung: „Er hat sich zu dieser Tat hinreißen lassen" als Beispielsatz für „sich hinreißen lassen + zu", „Er hat das getan, ohne die Konsequenzen zu bedenken" als Paraphrase. Beispiel für eine Antiphrasierung: „Die Sonne scheint", „Es ist schön" u. ä. als Antiphrase für „Es regnet".

(5) *Synonymik, Antonymik, Internationalismen:* Hier ist der Kontext entscheidend. Beispiel: „Er hat eine neue Stelle" als Synonym für „Er hat einen neuen Posten". Bei Internationalismen ist zu beachten, daß sie so international nicht sind, außerdem nicht selten auf das Glatteis der Faux amis führen, z. B. dt. „luxuriös" = frz. „luxueux", das Wort „luxurieux" gibt es auch im Französischen, bedeutet dort aber „geil", „lüstern".

(6) *Interpretation:* Interpretation soll zunehmend auch auf dem Hintergrund fremdkultureller Sinnsysteme, fremdkultureller Erfahrungen und fremdkulturellen Verstehens geleistet werden. Wichtig vor allem in Verbindung mit fiktionalen Texten, im Bereich Landeskunde und Literatur. Ziel ist kulturvergleichende Interpretation.

(7) *Stilistik, Rhetorik, Idiomatik:* Diese Bereiche gehören schwerpunktmäßig in die obere Mittelstufe und Oberstufe. Hierher sind Fragen nach Stilebene, Stilfiguren (z. B. Metaphern) usw. zu rechnen. Im Zusammenhang mit „Haut" sind z. B. zu notieren: „das geht auf keine Kuhhaut" und „sich auf die faule Haut legen" – jeweils mit Paraphrasierungen und Entsprechungen in der Muttersprache.

(8) *Graphische Darstellungen, Zeichnungen u. ä.:* Diese Wege sind stark begabungsabhängig und sollten daher nur rezeptiv trainiert und beherrscht werden.

(9) *Phonetik, Wortakzent, Intonation:* Dieses Gebiet wird oft übersehen, gehört aber unbedingt zum Wörterlernen dazu. Lautschrift ist ein international übliches Hilfsmittel. Sie kommt schon in mittelgroßen, nicht selten sogar in Mini-Wörterbüchern und Reiseführern vor. Die meisten Wörterbücher enthalten Tabellen mit den Lautwerten und -zeichen, die der Lerner sich einprägen und von denen er bei der Wortnotierung Gebrauch machen sollte. Zusätzliche Hilfe: Wörter auf Cassette sprechen (Kontrolle über den Lehrer oder mit Hilfe von Lern-Cassetten).

(10) *Orthographie:* (Auch dieser Bereich wird oft übersehen.) Auch in der Mittelstufe sollte auf korrekte Schreibung geachtet werden. Dem Lerner ist zu empfehlen, einzelne Wörter, die ihm Schwierigkeiten machen, zu Hause immer wieder zu schreiben: zunächst abzuschreiben, dann auswendig zu schreiben und anschließend zu kontrollieren.

(11) *Wortschatzübungen:* Der Lerner soll in der Lage sein, Aufgaben und Übungen zur Lexik selbständig zu lösen bzw. durchzuführen (z. B. im Rahmen häuslicher Arbeit). Es gibt eine ganze Reihe von Büchern mit Wortschatzübungen, darunter auch kontrastiv angelegte.

(12) *Umgang mit Hilfsmitteln:* Erfolgreiches Wörterlernen setzt voraus, daß der Lerner mit sprachbezogenen Hilfsmitteln, d. h. mit zweisprachigen und einsprachigen Wörterbüchern, mit Wortkunden, Grammatiken usw., aber auch mit nichtsprachbezogenen Hilfsmitteln wie z. B. Sachwörterbüchern und Literaturgeschichten umgehen kann.

In der Mittelstufe, spätestens in der oberen Mittelstufe, muß der Lerner (jedenfalls im Unterricht mit multikulturellen Lernergruppen) diese Techniken auch produktiv beherrschen und beim Wörterlernen möglichst täglich praktizieren, und zwar im Unterricht genauso wie bei der häuslichen Arbeit.
Ohne Vergleiche, ohne Rückmeldung an die Muttersprache (mehr oder weniger bewußt und gekonnt) kann Wörterlernen nicht erfolgreich sein. Ein entsprechend kontrastiv vorgehendes Lehrverfahren kann es im Unterricht in internationalen Klassen aber nicht geben, d. h., in diesem Fall liegt die Verantwortung beim Lerner: Er muß sich in häuslicher Arbeit allein zurechtfinden. Konsequenterweise muß im Unterricht in diesen Klassen Autonomisierung des Lerners ein bevorzugtes Unterrichtsziel sein. Was kontrastive Methoden, Techniken und Fähigkeiten angeht, ist der Lerner sein eigener Lehrer.
Ein weiteres Problem im Unterricht mit multikulturellen Lernergruppen, das im Zusammenhang auch mit Wörterlernen relevant ist, ist die Tatsache, daß Lehrverfahren, Techniken, Arbeitsformen, Aufgabenformen usw. dem Lerner mehr oder weniger fremd sind (fremder sein können als der Lerngegenstand selbst) und der Lehrer den Unterschieden im Fremdheitsgrad bzw. in der Distanz zeitlich kaum Rechnung tragen kann. Es macht z. B. auch einen großen Unterschied, ob ein Lerner schon Fremdsprachen-Lernerfahrungen gemacht hat; wenn ja, in welchem Schul- oder Hochschulsystem bzw. Unterrichtssystem, unter welchen institutionellen und kulturellen Bedingungen? Auch hier geht der Lerner ja kontrastiv vor: Er vergleicht Methoden und Techniken. Und auch hier können Vergleiche nur gelegentlich im Unterricht aufgegriffen werden, d. h. auch in diesem Bereich ist der Lerner weitgehend auf sich selbst gestellt. Um so wichtiger ist es, daß der Unterricht möglichst offen angelegt wird für Lernwege, Techniken und Methoden, die der Lerner aufgrund seiner Vorerfahrungen im Zusammenhang mit Unterricht, speziell mit Fremdsprachenunterricht, beherrscht. Dem Lerner dürfen Techniken und Methoden zum Wörterlernen nicht vorgeschrieben oder gar aufgezwungen werden, er muß die Freiheit und Möglichkeit haben, sich der ihm vertrauten (aber dem Lehrer vielleicht fremden und absurd erscheinenden) Techniken und Metho-

den bedienen zu können. Es ist natürlich legitim und nützlich, wenn der Lehrer dem Lerner neue Wege zeigt. Im Lernalltag wird der Lerner dann Bekanntes und Eigenes mit Neuem und Fremdem verbinden. Durchschauen und Verstehen des (für den Lerner) fremden Unterrichtssystems, schrittweise Aneignung fremder Lerntechniken, Methoden, Aufgaben- und Übungsformen usw. sind legitime Lernziele, geht es dabei doch auch um kulturelles Lernen.

Wortnotierung

Wort-, Grammatik- und Textarbeit bilden eine Einheit insofern, als es sich um interdependente Variablen handelt.
Wörter und Wortgruppen müssen so notiert werden, daß mit Hilfe der Angaben und Hinweise korrekte Sätze bzw. Kurztexte gebildet und die Wörter korrekt ausgesprochen, betont und geschrieben werden.

Die Notierung muß möglichst vollständig, d. h. dem Mittelstufenniveau angemessen sein. Sie muß Varianten und Besonderheiten umfassen, wie z. B. Hinweise auf Lücken im Formenbestand, sie muß die Wortbildung berücksichtigen, und sie muß vergleichend angelegt sein.
Zu jedem Wort soll der Lerner mindestens einen Beispielsatz notieren. Zusätzlich kann auch eine Definition gegeben werden. Was muttersprachliche Kommentierung, Hinweise in der Muttersprache, Vergleiche usw. angeht, hat der Lerner jede Freiheit. Besonders nützlich sind Hinweise auf tückische Wörter (auf dem Hintergrund der Muttersprache), auf Faux amis, auf Unterschiede bei Internationalismen oder Latinismen u. ä. Bei Sprichwörtern und idiomatischen Wendungen darf der Vergleich nie fehlen: Notierung der Entsprechung in der Muttersprache, Hinweis auf Unterschiede, Hinweis auf Fehlen einer Entsprechung in der Muttersprache u. ä.
Die Notierung der Ergänzungen (Rektionen) muß sehr sorgfältig vorgenommen werden. Wo es erforderlich ist, muß zwischen „P" (für „Person") und „S" (für „Sache") unterschieden werden, z. B. notiert man „*bitten* + Akk. (P) + *um* (S)". Ähnlich wird im Französischen notiert, z. B. *aider qn. à faire qc.* Weitere Beispiele für Notierung von Ergänzungen: „*Interesse* + *für*/Akk. oder *an*/Dat.". – „*Haß* + *auf*/Akk. (aber: *hassen* + Akk.); Achtung: *häßlich* (= andere Bedeutung, Antonym von *schön*); *fähig* + *zu* + *hassen*".
Bei Substantiven werden notiert: Artikel, Pluralform, Genitivform; Hinweise auf Besonderheiten der Formenbildung, auf Lücken im Formenbestand. Bei Adjektiven wird vor allem auf Besonderheiten bei attributiver Verwendung hingewiesen, z. B. „die Vorhänge sind oliv – die olivfarbenen Vorhänge", oder: „im Keller ist es dunkel – der dunkle Keller". Bei Verben müssen Besonderheiten der Formenbildung, ggf. die Stammformen notiert werden. Wortbildung soll berücksichtigt werden, aber in der Regel nur mit wenigen Hinweisen, z. B.: „der Grund, ¨-e → gründlich, grundlos; gründen; die Gründung". Hinweise auf Wortakzent, Aussprache und Orthographie dürfen nicht fehlen, so notiert ein frankophoner Lerner bei „symmetrisch": „prend 2 -m-", denn im Französischen wird dieses Wort nur mit einem -m- geschrieben.

Weitere Beispiele für vergleichendes Notieren und Lernen: Ein frankophoner Lerner notiert bei „die Gruppe, -n": „die Gruppe, mais: le groupe, attention à l'orthogr.: en all. -pp-". Bei „durchsichtig ≠ undurchsichtig" hebt er „undurchsichtig" z. B. durch Unterstreichung hervor, da es das Adjektiv „intransparent" im Französischen nicht gibt, dort heißt es „opaque", das Oppositionspaar also „transparent ≠ opaque". Im Englischen und in allen romanischen Sprachen wird „helfen" mit dem Akkusativ der Person verbunden, nicht, wie im Deutschen, mit dem Dativ der Person. Ein anglophoner Lerner notiert z. B. „I help him; but: Ich helfe ihm". Der Dativ kann durch Unterstreichung oder farblich hervorgehoben werden. Es ist auch keinesfalls „normal" oder „logisch", daß das Wort „Fleisch" keinen Plural aufweist. Das Arabische z. B. hat für dieses Wort einen Plural. Der Lehrer muß also ausdrücklich darauf hinweisen und notieren lassen, daß es für „Fleisch" keinen Plural gibt, sonst könnte auch mal „Fleische" oder „Fleischer" beim Lerner auf den Tisch kommen. Und wenn man unbedingt einen Plural für „Fleisch" braucht? Da hilft die Wortbildung weiter: „Fleischsorten", „Fleischspeisen" oder „Fleischstücke". Dieses Beispiel verdeutlicht die Interdependenz von Wort-, Grammatik- und Textarbeit.

Gewarnt wird vor einer Überfrachtung der Notierung bei den Ergänzungen. Die Notierung des Subjektnominativs („ + Nomin.") kann entfallen (außer wenn das Subjekt alternativlos ist, wie z. B. in „es regnet"). Auch in diesem Zusammenhang ist vergleichendes Lernen relevant: Im Deutschen ist ein sogenannter unbekannter Täter für Regen, Blitz, Donner usw. verantwortlich, in anderen Sprachen regnet „die Welt" oder „der Himmel".

Mit Hinweisen auf vermeintliche semantische Unverträglichkeiten ist Vorsicht geboten. Dies gilt nicht nur mit Blick auf fiktionale Texte, wo „die Wiese" im Sonnenlicht „lacht". Auch in Sachtexten verwendet mancher Autor Stilfiguren: „Paris meldet", „Der Neid hat ihn gepackt" usw. Daran wird deutlich: Ohne Berücksichtigung von Rhetorik und Stilistik läßt sich Wortarbeit nicht leisten, jedenfalls nicht in der Mittelstufe.

Bei Präpositionen mit festem Kasus (z. B. „für" oder „bei") sollte der Kasus nicht notiert werden. Auch die Notierung von Artikel, Genitiv- oder Pluralform ist in zahlreichen Fällen überflüssig, z. B. bei Substantiven mit bestimmten Suffixen: „-ion", „-tät", „-keit" usw. Regeln festigen sich am besten dadurch, daß sie vom Lerner, möglichst selbständig und möglichst täglich, angewendet werden. Dabei ist eine wichtige Selbsterfahrung: Regeln entlasten. Diese Erfahrung darf dem Lerner nicht genommen werden: Regeln bestimmen entscheidend die Lernbarkeit des Gegenstandes, Regeln dienen dem ökonomischen Lernen einer Sprache.

Die Notierungen, Angaben, Hinweise usw. auf Karten oder Zettel (s. u.) sollten vorwiegend in häuslicher Arbeit gemacht werden: mit zunehmender Eigenleistung des Lerners, z. B. selbständiges Konsultieren verschiedener Wörterbücher. Während des Unterrichts sollte sich der Lerner Notizen machen, die er dann für seine Wortkartei zu Hause auswertet.

Zettelkasten

Die Wörter oder Wortgruppen sollten auf Karten in Postkartengröße geschrieben werden. Auf der Vorderseite stehen: oben rechts das Wort oder ggf. ein Stichwort, oben links die Nummer der Karte (fortlaufende Numerierung, wichtig für Verweise); dann folgen das Wort mit seinen Ergänzungen, Hinweise auf Wortbildung, Aussprache, Wortakzent, Orthographie, dann ein Beispielsatz, ggf. eine Definition. Auf der Rückseite stehen: Synonyme, Antonyme, Varianten; Kommentierung in der Muttersprache, Vergleich mit der Muttersprache u. ä. Reicht eine Karte nicht aus, wird eine Fortsetzungskarte angelegt: Hinter das Wort oben rechts kommt eine „2", an die Nummer der Karte wird eine „2" angehängt (mit Bindestrich dazwischen, z. B. „121-2").

Das Zettelkastensystem ist einem Vokabelheft in fast jeder Hinsicht überlegen: Der Zettelkasten ist lernökonomischer, praktischer, er bietet mehr Variabilität, breiteren Raum für Differenzierungen. Das Zettelkastensystem ist auch mit Blick auf die Zielgruppe von WEGE von Vorteil: Zettelkästen gehören zu den elementaren Studientechniken, d. h., es erscheint angemessen, vom Lerner zu fordern, daß er Zettelkästen anlegt und damit umgeht. Er kann seine Kenntnisse später im Studium weiterverwenden, ausbauen und verfeinern.

Die Wortkartei soll zunächst als Lernkartei angelegt werden. Später kann man die Karten zu einer Nachschlagekartei umordnen. Dazu gibt es alphabetische Register, die man sich auch selber machen kann. Als Lernkartei wird der Zettelkasten in vier Fächer aufgeteilt. Die Wörter werden in vier Durchgängen gelernt. Nach dem ersten Durchgang kommen all jene Wörter, die keine Schwierigkeiten bereiten und die man gut beherrscht, in Fach 1. Der Rest wandert in Fach 2, und es folgt der zweite Durchgang. Nach dem zweiten Durchgang kommen die Wörter, die man dann beherrscht, in Fach 2, der Rest wandert in Fach 3 zum dritten Durchgang usw.

Nach dem vierten Durchgang und einer Pause fängt man wieder von vorne an, d. h. alle Karten wandern zurück in Fach 1, wobei inzwischen neu notierte Wörter mit einbezogen werden. Man sollte die einzelnen Durchgänge auch dazu nutzen, Eintragungen zu verbessern und zu ergänzen, Querverweise zu machen („→ 128 u. → 312") u. ä.

Diese Arbeit sollte begleitet werden durch Lernen mit einer Wortkunde und durch Wortschatzübungen, die zu Hause regelmäßig durchgeführt werden, z. B. Synonyme und Antonyme suchen, zu bestimmten Wörtern Beispielsätze aus Texten suchen, verwandte Wörter suchen (Wortfamilien). Dabei wird der Umgang mit verschiedenen Hilfsmitteln geübt, vor allem mit Wörterbüchern.

Lernspiele

Hans Jürg Tetzeli von Rosador

In diesem Lehrerhandbuch werden Spiele beschrieben, die inhaltlich zum Stoff der einzelnen Lektionen passen. Folgende Erwägungen sprechen für den Einsatz von Spielen im Fremdsprachenunterricht:

Das freie Spiel ermöglicht es den Teilnehmern, den Inhalt einer Unterrichtsstunde kreativ mitzugestalten.

Da Spielen eine folgenfreie Tätigkeit ist, in dem Sinne, daß Mißerfolge nicht sanktioniert werden, wird der sonst herrschende Leistungsdruck abgebaut.

Das Interesse und der Spaß am Spiel erhöhen die Lernmotivation der Teilnehmer.

Bei Partner- oder Gruppenspielen ist die sprachliche Aktivität der Teilnehmer größer als im Frontalunterricht.

Die Kommunikationsfähigkeit wird dadurch gefördert, daß bei vielen Spielen Redemittel in einer bestimmten Situation geübt werden.

Im Rollenspiel gelangen die Kursteilnehmer über Wörter und Strukturen hinaus zu den Sprechabsichten (z. B. Zustimmen, Einschränken, Zugestehen), die sie in deutscher Umgebung sprachlich bewältigen müssen.

Die klassische Lehrer-Schüler-Beziehung wird verändert und im besten Fall durch ein Netz von Beziehungen zwischen allen Beteiligten ersetzt.

Da bei vielen Spielen Glück und Zufall und nicht nur sprachliches Können eine Rolle spielen, haben auch sprachlich schwächere Teilnehmer die Möglichkeit zu gewinnen. Dies trägt zur Verbesserung der Klassenatmosphäre und der Lernsituation bei.

Bei einer Spiel-Reflexion können die Teilnehmer über ihre Gefühle während des Spiels sprechen. Dabei werden ihnen kulturelle Unterschiede bewußt.

Lösungen
und Hinweise
zu Aufgaben
und Übungen

Lektion 1

LB 1 A
S. 10

Vorstellungen und Erwartungen

Künstlerische Arbeiten von Ausländern, die in der Bundesrepublik leben, eröffnen das Lehrbuch. Sie zeugen von Identitätskrisen und Einsamkeit, wie sie durch das Leben in der Fremde hervorgerufen werden können.

Suleman Taufiq, 1953 in Syrien geboren, lebt seit 1971 in der Bundesrepublik Deutschland; er studierte Philosophie und Komparatistik, arbeitete an der Volkshochschule in Aachen; seit 1976 veröffentlicht Taufiq Gedichte in arabischer und deutscher Sprache.

Hier ist nur die erste Strophe seines Gedichts „Die Frage" abgedruckt, das 1980 in der Anthologie „Im neuen Land" erschienen ist.

Dragutin Trumbetas, Jugoslawe, arbeitete fast 15 Jahre in der Bundesrepublik. „Ismet ist allein" sowie die beiden Zeichnungen im Arbeitsbuch („Mit Auto in die Zukunft", S. 98, sowie „Abfahrt", S. 182) sind dem 1977 erschienenen Buch „Gastarbeiter" entnommen, das 64 Zeichnungen von Trumbetas enthält.

Bild und Text sollen die Kursteilnehmer zum Sprechen anregen. Da sie von ihren eigenen Wünschen, Vorstellungen und Ängsten sprechen sollen, wurde nur eine allgemeine Frage zu Bild und Text gestellt.

LB 1 B
S. 13

Verben des Urteilens

Es ist darauf hinzuweisen, daß beide Verben zwar ein mehr oder minder stark subjektiv gefärbtes Urteil ausdrücken, daß jedoch *finden* umgangssprachlicher ist als *empfinden*. Wichtig ist auch: Bei *finden* ist ein Nebensatz mit *daß* oder Verb in Hauptsatzstellung (*ich finde, du hast recht*) möglich, nicht jedoch bei *empfinden*.

LB 1 C
S. 14/15

Ein jordanischer Student erzählt

Yousef Abu Laila, Palästinenser, ist an der philosophischen Fakultät der Universität Göttingen promoviert worden. Unter dem Titel „Integration und Entfremdung" legte er eine empirische Studie zur Situation ausländischer Studenten (am Beispiel Clausthal-Zellerfeld und Göttingen) vor. Sie basiert auf einer umfangreichen Fragebogenerhebung und auf Protokollen ausgewählter Interviews, die unseren Texten wiederum zugrunde liegen.

Da die auf Tonband aufgenommenen Ausführungen des jordanischen Studenten wörtlich transkribiert wurden, enthalten sie auch einige Formulierungen, die nicht normgerecht sind.

Dieser Auszug aus einem Erfahrungsbericht ist in drei Abschnitte eingeteilt; die Aufgaben, die das Textverständnis kontrollieren sollen, können daher ohne eigene Notizen bzw. auch mit nicht vollständigen Notizen geleistet werden. Sowohl die Multiple-choice-Distraktoren als auch die Fragen zum Text enthalten Hilfen, die das selektive Hören steuern und das Speichern der Inhalte erleichtern.

Vor der schriftlichen Beantwortung der Fragen zum Text sollte der Lerner darauf hingewiesen werden, daß sich die Lösungen dieses Aufgabentyps unterscheiden können, je nachdem, ob sie in einer mündlichen oder schriftlichen Kommunikationssituation formuliert werden. Während in der mündlichen Kommunikation Halbsätze (z. B. ein *weil*-Satz ohne Hauptsatz, eine Aufzählung ohne Satzrahmen) üblich und der Frage-Antwort-Situation angemessen sind, sind bei einer schriftlichen Beantwortung ganze Sätze zu bilden bzw. Satzrahmen vorzuschalten. Dabei sollen die Lerner zu einer genauen Einhaltung der Reihenfolge angeleitet werden, die in den Arbeitshinweisen zur Beantwortung von Fragen gegeben ist. Insbesondere sollte ein Fremdsprachenlerner sich bei der Rekonstruktion/Konstruktion von Textteilen darüber im klaren sein, daß er sich in einem ersten Schritt über den Inhalt seiner Mitteilung klarwerden muß. Erst in einem zweiten Schritt kann er sich um satz- und textgrammatische Korrektheit bemühen. Gerade bei diesen kleinen Einheiten, wie sie Antworten auf Fragen zu einem Text erfordern, sollte auf exaktes Sprachtraining nicht verzichtet werden.

Aufgabe 2 (Aufzählung von „Teilthemen") ist eine erste Vorbereitung auf methodische Übungen, die zum Hören „von oben nach unten", von größeren (allgemeineren) Sinneinheiten zum Detail hin führen sollen.

Da die Äußerungen des Textes sicher manche Hörer zum Widerspruch reizen werden, ist die Aufforderung, sich eventuell auch vom Textinhalt zu distanzieren, an relativ früher Stelle zu finden. Wenn erforderlich, kann die Diskussion auch nach der Rezeption der drei Textsegmente begonnen werden.

Erste Eindrücke

AB 1 A
S. 8

Aufgabe 1 sollte in Form eines Assoziogramms gemacht werden, wobei der Lehrer „Deutschland" oder „Bundesrepublik Deutschland" an die Tafel schreibt und die Assoziationen der Schüler um den Begriff herum notiert. Siehe auch das S. 50 beschriebene Assoziationsspiel, das in Vorlaufphasen bei Bedarf eingesetzt werden kann.

Wortstellung

AB 1 B
S. 8/9

Ohne die Einschaltung der Mittelstufen-Grammatik können hier Schwierigkeiten auftreten. Wichtig (und manchen Lernern wohl auch schon bekannt) ist, daß Orts- und Richtungsergänzungen eine starke Rechtstendenz haben, d. h. hier: zum Satzende hin.

Verben mit Präposition (1)

AB 1 B
S. 9

Zu diesem Komplex, der auch in der Oberstufe noch Schwierigkeiten bereitet, erscheinen im Arbeitsbuch insgesamt sieben Übungen. Adjektivendungen und Artikelformen werden mitgeübt. Es könnte darauf hingewiesen werden, daß manche bedeutungsverwandte Verben wie *fragen* und *sich erkundigen* ebenso wie *staunen* und *sich wundern* die gleiche Präposition haben (*nach* bzw. *über*). Das ist leider nicht immer so; aber da, wo es so ist, sollte dies als Lernhilfe genutzt werden.

AB 1 C
S. 10

Vom Satz zum Text (1)

(1) Ich habe die Möglichkeit gehabt, die deutsche Sprache schon zu Hause zu lernen. (4) *Ich habe* ... bei einem Deutschlehrer ... Deutsch gelernt. (2) *Danach* habe ich vier Monate lang ... (5) *Das alles* wurde vom DAAD finanziert. (3) Die Sprache ist sehr kompliziert. (8) *In diesem* Goethe-Institut wurden ... (7) Mit *einigen* Indern konnte ich ... (6) Mit den *anderen Asiaten* ...

Satzverbindungen können sein:

– Wörtliche Wiederholungen von Substantiven,
– Synonyme,
– Pronomina verschiedener Art (darunter z.B. *dies, das*), die den Anschluß an den Inhalt eines ganzen Satzes oder mehrerer Sätze ermöglichen,
– unbestimmte Zahlwörter, die Teilmengen angeben (*einige, andere*),
– Konjunktionen (*danach*).

AB 1 C
S. 10

Intonationsübung (I)

(1) Betonung auf der Stammsilbe, auch bei unbetontem Präfix.
(2) Bei Fremdwörtern wird in den meisten Fällen das Suffix betont.
(3) Bei trennbaren Verben, bzw. davon abgeleiteten Substantiven, liegt der Akzent auf dem Präfix.
(4) Bei nicht trennbaren Komposita liegt der Akzent auf der Stammsilbe.
(5) Nominalkomposita: In den meisten Fällen trägt das erste Nomen den Akzent. Wenn Komposita aus mehr als zwei Teilen bestehen, können Nebenakzente notwendig sein.

AB 1 C
S. 11

AB
1

Intonationsübung (I)

(1) Ich wollte neue Charaktere kennenlernen. // ↘

(2) Dies hat mir meinen Abschied erleichtert. // ↘

(3) In Deutschland war alles neu für mich. // ↘

(4) Die Temperatur war niedriger als zu Hause. // ↘

(5) Ich mußte mir einen dickeren Pullover herausnehmen. // ↘

Andere (sicher mögliche) Lösungen verändern unter Umständen die Bedeutung des Satzes. Dies sollte in dieser und allen folgenden Intonationsübungen diskutiert werden.

Selektionsübung (S)

AB 1 C
S. 12

AB
2

Ich hätte auch in den ar<u>a</u>bischen Ländern stud<u>ie</u>ren können.

Es gibt sogar Stip<u>e</u>ndien für bestimmte L<u>ä</u>nder.

Ich habe das <u>A</u>ngebot <u>a</u>bgelehnt.

Ich habe mich für die B<u>u</u>ndesrepublik entsch<u>ie</u>den.

Ich hatte nämlich d<u>a</u>für eine Z<u>u</u>lassung bekommen.

V<u>o</u>rher hatte ich k<u>ei</u>nerlei Informati<u>o</u>nen über D<u>eu</u>tschland.

Wortbildung

AB 1 C
S. 12–14

Da die Wortbildung in der deutschen Sprache eine so wichtige Rolle wie in kaum einer anderen spielt, wäre es für alle weiteren Übungen hilfreich, wenn die Lerner wenigstens die Elementarbegriffe der Wortbildungslehre kennen, d. h. also *Kompositum, Derivat(ion), Präfix, Suffix*.

Aufgabe 2

Zu-lass-ung ist ein Derivat.

Aufgabe 3

-ung	-ion	-heit/-keit/igkeit	-schaft
Zu-<u>lass</u>-ung Er-<u>wart</u>-ung <u>Reg</u>-ier-ung	In-<u>form</u>-a-tion <u>Mot</u>-iv-a-tion	<u>Mög</u>-lich-keit <u>Frei</u>-heit Per-s<u>ön</u>-lich-keit <u>Sauber</u>-keit <u>Schwier</u>-ig-keit	Ge-<u>sell</u>-schaft

Aufgabe 7/8

Angebot/Auswahl: alte Substantivbildungen.
Studium: Fremdwort (lat.).
Wissen/Heraussuchen: nur substantivierter Infinitiv möglich.
Eigenheit/Eigenschaft: verschiedene Bedeutungen.

Pluralbildung der Substantive (1)

AB 1 C
S. 14/15

Genus und Plural der Substantive sind weitgehend eine Sache des Vokabellernens. Deshalb ist es um so wichtiger, daß die Lerner wenigstens die regelhaften Bereiche dieser Problematik kennen. Die Erstellung solcher Listen wird wahrscheinlich eher von kognitiven Lerntypen begrüßt werden. Diese Übung eignet sich als Hausaufgabe, ist allerdings nur mit Hilfe von Nachschlagewerken lösbar.

Orthographie

Auch diese Übung eignet sich als Hausaufgabe, wiederum unter der Voraussetzung, daß ein brauchbares Wörterbuch zur Verfügung steht.

Spiel

Assoziationsspiel

Ein Spieler nennt ein Substantiv, z. B. „Deutschland". Sein Nachbar nennt so schnell wie möglich ein anderes Substantiv, das er mit dem genannten assoziiert, z. B. „Bier". Der nächste sagt vielleicht „Fußball" usw. Wer keine Beziehung zwischen den beiden zuletzt genannten Wörtern erkennen kann, darf verlangen, daß der Zusammenhang erklärt wird.
Variation: Es dürfen auch andere Wortarten verwendet werden.
Ziel: Erarbeitung von Wortfeldern, Wortschatzfestigung und -erweiterung.
Zeit: 10 Minuten.

(Spielidee nach E. Gorys, *Das Buch der Spiele*, Stuttgart 1976.)

Lektion 2

LB 2 A
S. 16/17

Mit Hilfe des Stadtplans Wege finden

Die meisten Kursteilnehmer haben zwar bereits auf der Grundstufe Wege beschreiben müssen, erfahrungsgemäß sind sie dabei aber noch sprachlich unsicher. Da die ersten vier Lektionen von Lehr- und Arbeitsbuch teilweise der Wiederholung von Grundstufenstoff dienen, wurde das Stadtplan-Lesen in den Themenbereich „Orientierung" mit einbezogen.

LB 2 B
S. 18

Daxing Chen: Gnädige Frau

Daxing Chen, geboren 1944 in der Volksrepublik China, lebt seit 1980 in der Bundesrepublik; er studiert in München Germanistik, Deutsch als Fremdsprache und Sinologie und veröffentlichte 1982 unter dem Pseudonym Bei Min die Erzählung „Es wird überall nur mit Wasser gekocht" (in: *Als Fremder in Deutschland*, München 1982).
„Gnädige Frau" und „Nein, danke" (Lektion 11) stammen aus *In zwei Sprachen leben,* München 1983.

Aufgabe 1

„Gnädige Frau" klingt zwar für viele deutsche Frauen übertrieben höflich oder gar lächerlich, in Österreich hingegen ist diese Anrede durchaus üblich.

Franz Kafka: Gib's auf!

LB 2 **C**
S. 19/20

Aufgabe 4

Hier beginnt eine Reihe von Übungen zur Arbeit mit dem Lexikon. Diese haben –
neben der Informationsvermittlung – die Aufgabe, reproduktive Fertigkeiten zu
entwickeln bzw. sinnvolles Notieren vorzubereiten.

Aufgabe 7/9

Obwohl verschiedene Deutungen möglich sind, ist die Handlung der Parabel
relativ eingleisig. Deshalb ist es durchaus möglich, auf der Basis von auditiver
Perzeption ein erstes Textverständnis zu erreichen. Die Methode, erst dann Leseverstehen einzusetzen, wenn die Möglichkeiten des Hörverstehens erschöpft sind,
kann am Anfang eines Mittelstufenprogramms sehr sinnvoll sein und muß nicht
nur auf fiktionale Texte beschränkt bleiben. – Die oft sehr unterschiedlich ausfal-
lenden Interpretationsversuche der Kursteilnehmer sollten gleichberechtigt nebeneinander stehen bleiben; aber von der Forderung, Aussagen über den Text durch
Textbelege zu verifizieren, sollte nicht abgewichen werden.

Vom Satz zum Text (2)

AB 2 **B**
S. 23

Bonn, den 27. September 1987

5 Lieber Armin!

3 Hab vielen Dank für Deinen ausführlichen Brief.

9 Ganz besonders freue ich mich über Deine Mitteilung, ...

2 Die Sache hat nur eine Schwierigkeit.

15 Ich habe bis 16 Uhr einen Physikkurs ...

4 Am besten, Du kommst vom Bahnhof direkt zum Studienkolleg.

[8 Dort kannst Du mich ...].

6 Geh geradeaus, durch die Poststraße bis zum Münsterplatz.

10 Gehe über den Platz ... und biege dann in die Remigiusgasse ein.

11 Nimm dann die erste Straße rechts (Fürstenstraße) und gehe – nur ein paar
Schritte – bis zum letzten Haus rechts.

12 Du kannst diese Straße gar nicht verfehlen.

13 Über dem Eingang findest Du ... die Adresse ...

14 Du kannst mit dem Aufzug bis zum 2. Stock fahren.

8 Dort kannst Du mich um 15.15 Uhr in einer Pause treffen (Raum 22, 2. Ober-
geschoß) ...

7 Ich freue mich sehr auf Dich und grüße Dich herzlich.

1 Dein Ahmed.

_____ = direkte Verbindungen.

_____ = indirekte Verbindungen zu Worten des vorangehenden Satzes

51

Zu den indirekten Verbindungen wurden auch solche Wendungen gezählt, bei denen die wörtliche Wiederholung selbstverständlich ergänzt werden kann, z. B.:

erste Straße rechts (= <u>erste Straße</u> in der Remigiusgasse <u>rechts</u>)

über dem Eingang (= <u>über dem Eingang</u> des letzten Hauses rechts)

Natürlich ist auch das in allen Imperativen enthaltene *Du* eine wörtliche Wieder-aufnahme, d. h. satzverbindend.

AB 2 C
S. 25

AB 3

Intonationsübung (I)

Weiterführender Verlauf

… ich mußte mich sehr be<u>ei</u>len↗, // der Schr<u>e</u>cken über die Entd<u>e</u>ckung ließ mich im Weg <u>u</u>nsicher werde<u>n</u>↗, // ich k<u>a</u>nnte mich in dieser St<u>a</u>dt noch nicht sehr gut <u>au</u>s↗, // glücklicherweise war ein Sch<u>u</u>tzmann in der N<u>ä</u>he↗, // ich lief z<u>u</u> ih<u>m</u>↗ // und fragte ihn <u>a</u>temlos nach dem Weg. // ↘

„Gib's <u>au</u>f, gib's <u>au</u>f"↗, // sagte <u>e</u>r↗ // und wandte sich mit einem gr<u>o</u>ßen Schwung <u>a</u>b↗, // so wie L<u>eu</u>te↗, // die mit ihrem Lachen all<u>ei</u>n sein wollen. // ↘

AB 2 C
S. 26

AB 4

Interrogativer Verlauf

Gehst du am M<u>o</u>rgen zum B<u>a</u>hnhof? // ↗

Ist noch genug Z<u>ei</u>t, // um den Zug zu err<u>ei</u>chen? // ↗

Kann ich den Weg all<u>ei</u>n finden? // ↗

Kennt der Schutzmann denn n<u>i</u>cht den Weg? // ↘

Bedeutet der letzte S<u>a</u>tz↗, // daß der Schutzmann den Fragenden <u>au</u>slacht? // ↗

Spiel

Was hast du gestern gemacht?

Material: Karten, beschriftet mit Verben in der Infinitivform (siehe unten).

Spielverlauf: Die Karten liegen verdeckt auf dem Tisch. Der Kursleiter fragt einen Teilnehmer: „Was haben Sie gestern gemacht?" Dieser nimmt die Karte auf und antwortet, z. B. wenn er das Verb „gehen" gezogen hat: „Ich bin ins Kino gegangen." Der Teilnehmer fragt dann einen anderen: „Und Sie, was haben Sie gestern gem<u>a</u>cht?" usw.

Variation: Ein Teilnehmer nimmt eine Karte auf – z. B. „lesen" – und fragt einen anderen: „Hast du gestern gelesen?"; dieser antwortet positiv oder negativ.

Ziel: Übung des Perfekts mit oder ohne Negation.

Zeit: ca. 20 Minuten.

Hinweis: Die Wortkarten verhindern, daß Kursteilnehmer zuviel von sich verraten müssen, und beleben diese Art von Übung.

Auf die Karten könnte man folgende Ausdrücke schreiben:
ein Buch lesen – einen Brief schreiben – im Park spazierengehen – fernsehen – ins Kino gehen – einen Film sehen – Schach spielen – Deutsch lernen – die Hausaufgabe machen – einkaufen – ein Kleid nähen – eine Wohnung mieten – lange arbeiten – einen Besuch machen – meinen Geburtstag feiern – zu Hause bleiben – meine Wäsche waschen – die Wohnung aufräumen – sich betrinken – mit meiner Freundin telefonieren – heiraten – ein Referat halten – spät einschlafen – mich bei einer Firma vorstellen – Radio hören – Zeitung lesen – radfahren – in der Disco tanzen.

(Spielidee nach Regine Gundersen u. a., *Zusatzmaterial für DaF,* Berlin 1978.)

Das Perfekt mit *haben* oder *sein*

AB 2
S. 27

Die Lerner sollen sich hier eine wichtige grammatische Regel selbst erarbeiten und eine möglicherweise falsch gespeicherte korrigieren (daß nämlich „Verben der Bewegung" ihr Perfekt mit *sein* bilden).

Die indirekte Rede

AB 2
S. 28

Vor Bearbeitung dieser Aufgabe sollte die Mittelstufen-Grammatik konsultiert werden. – Was bei Aufgaben zur indirekten Rede immer wieder vergessen wird, ist der Wechsel der Pronomina. – Eine Übung zur Redewiedergabe im LB, S. 204.

Starke (unregelmäßige) und schwache (regelmäßige) Verben

AB 2
S. 29/30

Weshalb wir diese etwas umständlich klingende Terminologie benutzen und nicht einfach „starke" und „schwache" Verben sagen, wird in der Mittelstufen-Grammatik (§ 10) erklärt. – Zum *e/i*-Wechsel: Man sieht es dem Infinitiv leider nicht an, ob das *-e-* des Stammes konstant bleibt oder wechselt.

Verben mit Vorsilbe (1)

AB 2
S. 31

Die Übung und die Erstellung der Liste dienen wiederum der selbständigen Erarbeitung einer Regel, nämlich der, daß die betonten Vorsilben auch die trennbaren sind. In der folgenden Lektion (AB S. 45) wird diese Regel dann vervollständigt.

Orthographie

AB 2
S. 32

Lerner, die für den Unterschied von Kürze und Länge im deutschen Vokalsystem noch nicht hinreichend sensibilisiert sind, haben oft Probleme mit Übungen dieser Art. Man könnte Sprechübungen von Wortpaaren wie *der Kamm – er kam* oder *all – der Aal* vorschalten. Wichtig ist auch der Hinweis auf die den Lernern im Prinzip ja bekannte Tatsache, daß bei den unregelmäßigen („starken") Verben der Wechsel in der Vokalquantität auch Konsequenzen für die Konsonanten hat (kŏmmen – ich kām).

Lektion 3

Immatrikulation

Aufgabe 4

1–b, g, i; 2–d, h, j; 3–c, f; 4–a, e, k.

Aufgabe 5

Hier beginnt eine Serie von Übungen, bei denen die Lerner in gesprochenen bzw. geschriebenen Texten die kommunikativen Intentionen des Verfassers/Sprechers erkennen und bestimmen sollen. Wichtig ist dabei, daß man die einzelnen Sprechabsichten nicht zu säuberlich voneinander trennen sollte: Eine Information kann zum Beispiel auch einen Rat einschließen.
In diesem Text will der Autor in erster Linie informieren, nur im dritten Absatz (Z. 30–43) werden Ratschläge erteilt.

Aufgabe 6

Der Text ist für ausländische Studenten geschrieben. Dies ist dem Titel der Broschüre zu entnehmen, aus der der Text stammt, aber auch der Sprache und den Informationen des Textes. Sprachlich fällt auf, daß viele Ausdrücke durch Synonyme und Beispiele verdeutlicht werden. Inhaltlich wird auf die spezielle Situation ausländischer Studienbewerber eingegangen, z. B. Z. 14–16 und Z. 25–28.

Aufgabe 8

Erklärungen durch:
– Relativsätze (Z. 10 f., Z. 35 f., Z. 38–43, Z. 47, Z. 50 f., Z. 56 f., Z. 79 f.),
– Synonyme: *sich immatrikulieren – sich als Student einschreiben* (Z. 3–8); *Anschlagtafel – Schwarzes Brett* (Z. 37 f.),
– Beispiele: für Prüfung (Z. 14–16), für Universitätsämter (Z. 25–28), für wichtige Informationen (Z. 39–41), für Einschreibungsformulare (Z. 45–47), für Unterlagen (Z. 51–54), für Universitätseinrichtungen, die allen Studenten offenstehen (Z. 80–82).

Aufgabe 10

(1) Anschlagtafel, (2) Immatrikulationsfrist, (3) Zulassungsbescheid, (4) Einschreibung, (5) Akademisches Auslandsamt, (6) Studienbewerber, (7) Lehrveranstaltung, (8) Sekretariat, (9) Studienberatung, (10) Semester, (11) Nachfrist, (12) Studienfach.

Auskunft für Juan Morales

LB 3 **C**
S. 27/28

Die beiden Texte der Vorlaufphase haben verschiedene Funktionen: Der erste Kurztext (Rahmenordnung) ist ein Beispiel für die Komplexität deutscher Verwaltungssprache; er kann durch den Lehrer einfach paraphrasiert werden. Oder: Die Kursteilnehmer werden zu einem Wettbewerb in kursorischem Lesen aufgefordert: Wer kann trotz aller Schwierigkeiten der Diktion als erster die Hauptinformation erkennen?

Text 2 schafft den Informationshintergrund für die folgenden Aufgaben. Obwohl im Mittelpunkt dieses Lektionsteils die auditive Perzeption eines telefonischen Auskunftsgesprächs steht, sind die **Aufgaben 2** und **3** nicht nur vorbereitend. Wer je Ausländer bei u. U. entscheidenden Telefonaten (z. B. Zimmersuche) erlebt hat, weiß um die Notwendigkeit, im Sprachunterricht dafür konkrete Hilfen zu geben (vgl. die Hinweise unter Punkt 6, S. 28).

Der zu **Aufgabe 3** abgedruckte Fragezettel enthält Kurzsätze, deren Inhalte mit den Sätzen des Gesprächs in Übereinstimmung gebracht werden müssen. Dieses wichtige Teil-Lernziel, *gehörte* Texte mit inhaltlich gleichen, sprachlich synonym formulierten *geschriebenen* Texten zu verbinden, wird in den folgenden Lektionen durch variierte Aufgabenstellungen weiterverfolgt. Die Methode, bei bestimmten Dialogformen zuerst die Aufmerksamkeit der Hörer auf die Fragen und erst dann auf die dazugehörigen Antworten zu lenken, wird hier zum ersten Mal angewandt. Weiterhin werden in **Aufgabe 4** Kurznotizen gefordert: einige Zahlen, Fakten usw. Diese Reduzierung von ganzen Sätzen/Satzfolgen auf wesentliche Informationsteile sind erste Anfänge für die Ausbildung des Lernziels „Mitschrift".

Die Antworten zu **Aufgabe 4** lauten:

(1) Alle Fragen mit Ausnahme der beiden letzten sind beantwortet.
(2) Der Gesprächsverlauf brachte es mit sich, daß die beiden letzten Fragen gar nicht gestellt wurden.
(3) Die Auskunft über Englisch und die Aufforderung, den genauen Plan im Sekretariat zu holen, sind zusätzliche Informationen.

Wolf Wagner: Einige Hinweise für Erstsemester

LB 3 **D**
S. 30–33

Aufgabe 6 (Übung)

Die Sätze c, e und g lassen sich ebenfalls in Infinitive mit *um . . . zu* umwandeln. – Dieser Komplex wird in AB 11, S. 145–146, weiterbehandelt.

Aufgabe 7

Einige Wörter sind kursiv gedruckt, um sie hervorzuheben. Andere Mittel der typographischen Gestaltung sind die Wahl von Type und Schriftgrad (Größe einer Druckschrift), die Bestimmung des Satzspiegels (die von Text, Abbildungen u. a. eingenommene Fläche einer Druckseite) und dessen Stand auf der Buchseite, der Satz des Textes und die Titelei. Zur Hervorhebung kann man Wörter gesperrt, fett, halbfett oder auch in Versalien (Großbuchstaben) drucken.

Aufgabe 8

Diesen Übungstyp bieten wir hier noch einmal, nun jedoch in einem Stiltyp, der der gesprochenen Sprache (genauer: dem heutigen Studentenjargon) benachbart ist. Es empfiehlt sich an dieser Stelle, zusammen mit den Lernern die falschen Distraktoren zu analysieren und zu diskutieren.

Aufgabe 9

Es sollte geklärt werden, in welchen kommunikativen Situationen der Infinitiv in dieser Funktion am Platz ist und wo er unhöflich wirkt.

Aufgabe 10

Hier sollen einige Merkmale der saloppen Umgangssprache bestimmt werden. Es sollte darauf hingewiesen werden, daß nicht nur die Standardsprache in ihrer geschriebenen Version „gutes Deutsch" ist.
Andere Ausdrücke:
(1) Du lernst nirgends etwas Richtiges/Vernünftiges.
(2) ... an das Studium herangehen / mit dem Studium beginnen / das Studium aufnehmen / das Studium in Angriff nehmen.
(3) ... der genauso verloren/hilflos herumsteht wie du / der einen so hilflosen Eindruck macht wie du.
(4) Wenn das nicht möglich ist / Sollte das nicht zu verwirklichen sein ...
(5) Wenn du das nicht kannst/schaffst ...
(6) ... was für ein Unsinn das ist.

Spiel

Jedes Wort an seinen Platz (für andere Lektionen variierbar)

Material: Karten, beschriftet mit je einem Wort eines Satzes (siehe unten); unbe-
schriftete Karten für die Variation.
Spielverlauf: Die Mitspieler werden in Gruppen zu 3 bis 5 Personen eingeteilt.
Jede Gruppe erhält Karten, auf denen jeweils ein Wort eines sinnvollen Satzes
steht. Die Gruppe, die daraus zuerst die Karten in der richtigen Reihenfolge
gelegt hat, hat gewonnen und schreibt den Satz an die Tafel. Oder: Jede Gruppe
gibt ihre Karten an eine andere Gruppe weiter, nachdem sie den Satz gefunden
und notiert hat.
Variation: Jede Gruppe schreibt einen nach Wörtern getrennten Satz auf Karten
(Lehrerkorrektur nicht vergessen!), mischt die Karten und gibt sie an eine
andere Gruppe weiter. Diese Gruppe muß den Satz wiederherstellen.
Ziel: Übung der Satzstruktur.
Zeit: 15 Minuten.

Mögliche Sätze für „Jedes Wort an seinen Platz" (jedes Wort auf eine Karte schreiben):
Der Student muß beim Eintritt in das Studienkolleg über gute Grundkenntnisse des Deutschen verfügen.

Man kann erst immatrikuliert werden, wenn man die Prüfung zum Nachweis deutscher Sprachkenntnisse bestanden hat.
Mit der Immatrikulation erhält man alle Rechte und Pflichten eines Studenten.
Man soll nicht zu viele Vorlesungen belegen, weil man sich sonst nur verzettelt.
Man soll sich unbedingt Zeit für die Lektüre der empfohlenen Bücher nehmen.

(Spielidee nach J. Gelfan/S. Schmakow, *Spielen und Lernen*, Berlin [DDR] 1974.)

Sprechabsichten

AB 3 C
S. 35/36

(2) sich vorstellen, (3) den Grund nennen, (4) mitteilen, (5) verstehen – bitten – buchstabieren, (6) fragen, (7) um Auskunft bitten, (8) bejahen, (9) darauf hinweisen, (10) Auskunft darüber geben, (11) erklären, (12) zusichern.

Der Unterschied zwischen den beiden Texten besteht darin, daß der zweite Text die Dialoghandlung beschreibt bzw. darüber berichtet.
Die eingesetzten Verben kennzeichnen zum größten Teil die Intention des Sprechers bzw. der Sprecherin. Viele dienen als Einleitung einer indirekten Redewiedergabe. Einige Verben (z. B. sich vorstellen, buchstabieren) beschreiben eine sprachliche Tätigkeit.
Verben dieser Art werden gebraucht für die indirekte Wiedergabe von Dialogen / für Berichte darüber (z. B. auch Protokolle), für eine genauere Beschreibung / Charakterisierung / Interpretation von Sprechabsichten.

Telefongespräche

AB 3 C
S. 36/37

AB 6

(1) Freundin, (2) Fremder, (3) gute(r) Bekannte(r), (4) Institution, (5) nicht identifizierter Anrufer, (6) Polizei, (7) Sekretärin, (8) bekannte Dame, (9) Fremde(r), (10) Sohn eines sozial Höhergestellten, (11) Institution, (12) Freund(in), nach mehreren vergeblichen Anrufen, (13) Freund(in), werbende Gesprächsaufnahme.

Intonationsübung (I)

AB 3 C
S. 38

AB 7

An welchen Kursen muß mein Freund teilnehmen? // ↘

Würden Sie das bitte wiederholen. // ↘

Wie ist noch einmal der Name? // ↗

Wie viele Wochenstunden hat das Semesterprogramm? // ↘

Bringen Sie doch ein ärztliches Attest. // ↘

Zu welchen Zeiten findet der Unterricht statt? // ↘

Wie lautet noch einmal die Adresse des Studienkollegs? // ↗

Muß mein Freund an der Arbeitsgemeinschaft für Englisch teilnehmen? // ↗

Welcher Stoff wurde in der ersten Woche behandelt? // ↘

Wie lautet der Titel dieses Buchs? // ↗

Selektionsübung (S)

Mein Fr<u>eu</u>nd hat einen Br<u>ie</u>f von Ihnen bekommen.
Er hat die <u>A</u>ufnahmeprüfung best<u>a</u>nden, ist aber kr<u>a</u>nk geworden.
Ich kann Ihnen den gen<u>au</u>en Plan für diesen Kurs jetzt n<u>i</u>cht mitteilen.
Was das v<u>ie</u>rte Fach <u>a</u>ngeht, so kann Ihr Freund w<u>ä</u>hlen zwischen versch<u>ie</u>denen Fächern.
Es ist zu empf<u>e</u>hlen, daß Ihr Freund an einer <u>A</u>rbeitsgemeinschaft t<u>ei</u>lnimmt.

Die Aufzählung

Aufgabe 5

1. Punkt:
in erster Linie möchte ich hier nennen; ich möchte mit folgendem Punkt beginnen.

2. Punkt (und weitere):
weiterhin; außerdem; nicht vergessen darf man auch; außerdem muß berücksichtigt werden; ferner; ein anderer wichtiger Gesichtspunkt ist.

letzter Punkt:
das dritte, ganz entscheidende Argument ist folgendes; die wichtigste Folge ist freilich; schließlich ist noch darauf hinzuweisen; last not least.

Übung zur Texterschließung (1)

(1) *Dorf*schule, (2) Kleinstadt*gymnasium*, (3) Großstadt*universität*, (4) Zeit, (5) Kulturell, (6) Leben, (7) Immatrikulieren, (8) Bürokratie, (9) *Studien*beginn, (10) Suche, (11) Übungs*räumen*, (12) Großstadt, (13) Häuser, (14) Land, (15) *Freundes*kreis, (16) abends, (17) Bett.

Adjektive mit Präposition (1)

Die Präpositionen bei Adjektiven sind ebenso eine Sache des Vokabellernens wie die bei den Verben. Wichtiger sind die Probleme der Satzgliedstellung: Die Lerner sollen erkennen, daß die Umstellung von Satzgliedern keine unverbindliche grammatische Jongliererei ist, sondern bestimmte Bedeutungsakzente verschiebt.

Verben mit Vorsilbe (2)

Hier wird die Formulierung der Regel, die in Lektion 2 (AB S. 31) begonnen wurde, abgeschlossen. Es kommen hinzu: die Bildung des Inf_{zu} sowie die des Partizips II. In der Übung am Schluß wird die Verwendung des Perfekts mit *haben/sein* ohne besondere Erwähnung mitgeübt.

Lektion 4

Landschaftsräume und Länder der BRD

LB 4 A
S. 34

Aufgabe 1

Sie heißen: Norddeutsches Tiefland, Mittelgebirgszone, Alpen mit Alpenvorland. Das Norddeutsche Tiefland befindet sich im Norden, das Alpenvorland und die Alpen befinden sich im Süden, dazwischen erstreckt sich die Mittelgebirgszone, die bis in den äußersten Südwesten reicht.

Aufgabe 2

Sie heißen Nord- und Ostsee. Sie liegen im Norden.

Aufgabe 3

Der Schwarzwald im Südwesten, der Bayerische Wald und der Böhmerwald im Südosten, an der Grenze zur Tschechoslowakei, Hunsrück und Eifel linksrheinisch usw. Das Hochgebirge sind die Alpen.

Aufgabe 4

Die fünf größten Flüsse sind der Rhein, die Donau, die Ems, die Weser und die Elbe. Der Rhein, die Ems, die Weser und die Elbe fließen von Süden nach Norden, die Donau fließt von Westen nach Osten. Daraus läßt sich ablesen, daß das Land im Süden höher ist als im Norden, daß also das Land ein Süd-Nord-Gefälle hat und daß nördlich der Donau eine Wasserscheide liegt.

Aufgabe 6

LB 4 A
S. 36

A – 2; B – 6; C – 1; D – 7; E – 3; F – 8; G – 4; H – 5.

Wie liegen die einzelnen Bundesländer zueinander?
(1) ... liegt ... von ... Schleswig-Holstein.
(2) ... liegt ... Osten ... Süden ... Hessen.
(3) ... gemeinsame Grenze.
(4) ... Rheinland-Pfalz ... Hessen ...
(5) ... westlich ... Hessen ... südlich ... Nordrhein-Westfalen.
(6) ... Grenze mit ...
(7) ... grenzt ... Niedersachsen.
(8) ... östlich ...
(9) ... grenzt ... Österreich ... Osten ...

Diese Einsetzungsübung ließe sich dahingehend nutzen, daß die Lerner die Lage ihres Heimatlandes anhand der zuvor gelernten Strukturen bzw. der Lexik beschreiben (als Hausaufgabe).

LB 4 B
S. 38/39

Schaubild: Flächennutzung der Bundesrepublik

Die „Versprachlichung" von Schaubildern ist insofern eine produktive Aufgabe, als aus den „Bild"teilen, den diese erklärenden Begriffen und einem u. U. beigefügten erläuternden oder ergänzenden Text ein neuer Text konstituiert werden soll, der die Gesamtheit der im „Schaubild" enthaltenen Informationen zusammenhängend darstellt.

Diese komplexe Aufgabe kann nur in Einzelschritten gelöst werden. Aber auch diese Einzelschritte müssen in einer Progression vermittelt werden. Aus diesen Gründen werden in diesem Lektionsteil nicht nur die für die Lösung der Aufgabe notwendigen Teilaufgaben in einer sinnvollen Reihenfolge formuliert, sondern auch für die Bearbeitung der Teilaufgaben selbst stark steuernde Hilfen angeboten: Lückentexte für die Auflösung der Nominalkomposita (= **Aufgabe 1**: in die Lücken sind nur die Bestandteile des zu definierenden Begriffs einzusetzen), Hilfen für die Konzeption des erklärenden Textes bzw. detaillierte Fragen zum Text (= **Aufgabe 4**) sowie Redemittel (= **Aufgabe 2**).

Aufgabe 5

Es handelt sich hier um ein Schaubild, das die Flächennutzung der Bundesrepublik Deutschland darstellen soll. Auf dem Schaubild ist ein Kreis zu sehen, der zeigt, wie die Fläche für verschiedene Zwecke aufgeteilt ist. So nimmt z. B. die Wald- und Wasserfläche 31,4 % ein, die Landwirtschaftsfläche beträgt 55,1 % und 6,5 % der Fläche der Bundesrepublik sind Gebäude-, Frei- und Betriebsflächen. 4,7 % sind Verkehrsflächen und 0,6 % dienen der Erholung.

Die Verarbeitung der im Kreis enthaltenen Angaben zu einem Text sollte durchaus auch mit anderen Redemitteln versucht werden.

Das gleiche Schaubild ist – ohne Hilfen – noch einmal im Arbeitsbuch dargestellt. Hier kann der Lerner die im Lehrbuch vorgeschlagenen einzelnen Arbeitsschritte selbständig formulieren und zumindest die Prozentangaben zu einem eigenen Text verarbeiten.

LB 4 C
S. 40

Grenzen

Aufgabe 1

Die Reihenfolge des „Tintenfisch"-Textes: Satz Nr. 1, 3, 6, 9.
Die Reihenfolge des „Tatsachen"-Textes: Satz Nr. 2, 4, 5, 7, 8, 10.

LB 4 D
S. 42–45

Zur Geschichte der Nationalhymne der BRD

In einer Lektion, die allgemeine Informationen über die Bundesrepublik Deutschland vermittelt, darf die historische Dimension nicht fehlen. Dabei schien es den Verfassern ratsam, wichtige geschichtliche Entwicklungen des 19. und 20. Jahrhunderts auf einen Orientierungspunkt zu beziehen: das Deutschlandlied. Ausländische Studierende fragen auch oft, warum ausgerechnet die dritte Strophe eines Liedes als Nationalhymne gewählt wurde.

Der Hörtext zu diesem Teil der Lektion 4 ist ein längeres Sachgespräch zwischen zwei Dialogpartnern, deren Rollen verteilt sind: die (bereits vorinformierte) ausländische Fragende will genauere Informationen von einem (deutschen) Historiker. Die Fragen strukturieren und gliedern das Gespräch.

Da dem ausländischen Lerner sowohl das notwendige Hintergrundwissen als auch die (damit verbundene) Speziallexik fehlt, kann er den Text nur nach einer ausführlichen Vorlaufphase sinnvoll rezipieren. Dies soll durch die Bearbeitung einer Übersicht geleistet werden:

(1) Sie vermittelt historische Grundkenntnisse, die je nach dem Interesse der Lerner noch erweitert werden können. Der Lehrer benötigt zur Veranschaulichung unbedingt Kartenmaterial.

(2) Sie führt die für das Verständnis notwendigen Lexeme in einem thematischen Zusammenhang ein.

(3) Durch die Aufgabenstellung in **Aufgabe 3** wird diese in nominalen Wendungen und Kurzsätzen auftretende Speziallexik bereits produktiv verwendet (Hilfen dazu im AB, S. 50/51).

Auf dieser Basis ist es möglich, den relativ langen Text zunächst als ganzen zu hören und dann (die Aufgabe ist unter **Aufgabe 7** nicht formuliert, kann aber eingeschoben werden) in der Gruppe verstandene Informationen zu sammeln, ohne sie in eine Reihenfolge zu bringen. Zur Erleichterung einer genaueren Textrezeption wird dann

(1) der Text in 3 Teile segmentiert;

(2) das Hörverstehen durch Fragen gesteuert, für deren Beantwortung Notizen überhaupt nicht oder nur sehr fragmentarisch erforderlich sind. U. U. genügt ein *ein*maliges Abspielen der Dialogteile.

Die erste Frage zu Teil 1 kann durchaus mit *ja* oder *nein* beantwortet werden (je nach Begründung).

Intonationsübung (I)

AB 4 D
S. 52

Die Entstehung der Nationalhymne war mit einer Revolution verbunden. Das Gesicht des Staates wurde durch diese Revolution entscheidend verändert.
Der Text des Liedes wurde im Jahre 1841 auf der damals britischen Nordseeinsel Helgoland geschrieben.
Die seit dem Wiener Kongreß bestehenden 39 souveränen deutschen Staaten sollten zu einem Nationalstaat vereinigt werden.
An den Universitäten herrschte damals polizeiliche Überwachung und Zensur.

Selektionsübung (S)

AB 4 D
S. 53

(1) für eine österreichische Kaiserhymne, zu einer Zeit, von dem späteren Kaiser Napoleon.

(2) zum Anfang der dritten Strophe des Deutschlandlieds.

(3) in einem Lexikon, über lange Zeit.

(4) Mit Ausnahme des (Fehmarn-)Belt, in der Nationalhymne, im Bereich der Bundesrepublik Deutschland oder der Deutschen Demokratischen Republik.

AB 4 D
S. 53/54

Wortbildung (2)

Aufgabe 1

Histor-iker, Dicht-er, Universitätsprofess-or, Stud-ent, Bürg-er, Kompon-ist, Kais-er, Bewohn-er, Politik-er, Bundespräsid-ent, Bundeskanzl-er.

Aufgabe 2

Leser, Forscher, Verfasser, Angstmacher, Amerikaner, Alkoholiker, Kritiker, Techniker, Sportler, Spanier, Rentner, Dirigent, Dozent, Gratulant, Praktikant, Nationalsozialist, Illusionist, Darwinist, Patriot (!), Pazifist.

Aufgabe 3

Lautsprecher, Transformator, Scheibenwischer, Fernseher, Motor: Aktionen ausführende Instrumente. – Labor: Ort.

Suffix -ismus

Ableitung von Namen, Adjektiven/Substantiven, Personenbezeichnungen. Immer Maskulinum.
In vielen Fällen bezeichnen die mit -ismus gebildeten Substantive eine philosophische, wissenschaftliche, religiöse, ästhetische, politische Theorie und Praxis.

AB 4
S. 55

Pluralbildung der Substantive (2)

Auch hier hilft am besten ein Wörterbuch. Der Unterschied zwischen *Worte* und *Wörter* sollte wirklich klar werden; vielleicht auch mit Hilfe der Frage, weshalb es *Wörterbuch* und nicht *Wortebuch* heißt.

AB 4
S. 56

es

Es sollte eine Liste der Verben mit obligatorischem *es* angelegt werden.

AB 4
S. 57/58

Adjektivdeklination (1)

(1) Heiligenhafen: dieser vorbildlich*e* Ferienpark; einen geruhsam*en* und/oder abwechslungsreich*en* Aufenthalt; seinen eng*en* Gassen; den alt*en* Fischerkneipen.
(2) Mölln: Staatlich anerkannt*er* Kneippkurort; reizvoll*e* Umgebung; ein abwechslungsreich*es* Programm; der gepflegt*e* Kurpark; ideal*e* Voraussetzungen.
(3) Garmisch-Partenkirchen: Weltbekannt*er* Kurort; einem groß*en* Angebot.
(4) Bad Harzburg: Größt*es* und ältest*es* Heilbad; Neben den viel*en* abwechslungsreich*en* Kur- und Freizeiteinrichtungen; die waldreich*e* Umgebung; einem dicht*en* Netz.
(5) Wasserburg: Malerisch*er* Luftkurort; dem einzig*en* Fischereihafen; ideal*er* Ausgangspunkt.

62

Adjektive mit Präposition (2)

AB 4
S. 59

Diese Aufgabe ist nicht ganz leicht, da das Adjektiv und die Präposition zugleich eingesetzt werden müssen. Die Lerner sollten erkennen, daß das *von* bei *getrennt* und *umschlossen* das passivische *von* ist.

Substantive mit Suffixen: Genus und Wortakzent

AB 4
S. 59–61

Aufgabe 2

Betont sind folgende Suffixe: -íe, -ént, -ánz, -íst, -tät, -énz, -ión, -mént, -éi, -úr. Unbetont sind: -ung, -heit, -keit, -schaft, -in, -er, -ium, -um, -nis.

Aufgabe 3

Den Artikel *der* haben: -ént, -íst, -er;
die haben: -íe, -ung, -heit, -keit, -schaft, -ánz, -in, -tät, -énz, -ión, -éi, -úr, -nis;
das haben: -mént, -ium, -um, -nis.

Aufgabe 4

Das -*ie* am Ende wird bei den Wörtern *Sympathie* und *Theorie* wie ein langes *i* ausgesprochen, bei den Wörtern *Familie* und *Studie* hört man das -*e* am Schluß. Bei der zweiten Gruppe ist das -*ie* unbetont.

Rudolf Otto Wiemer

AB 4
S. 61/62

Zeitsätze

(1) „Zeitsatz" ist grammatikalisch (als „Temporalsatz") und historisch (als „Satz zur Lebenszeit") zu verstehen.
(2) Natürlich ist der Jahrgang 1900 gemeint.
(3) Historische Ereignisse:
    1914: Beginn des Ersten Weltkriegs
    1933: Adolf Hitler wird Reichskanzler
    1940: Beginn der Bombenangriffe auf Deutschland
    1945: Deutschland ist zum großen Teil zerstört
    1948: Währungsreform
    1950: Beginn des wirtschaftlichen Wiederaufstiegs
    1959: Wirtschaftswunder

starke und schwache verben

„starke und schwache verben" ist ein für verschiedene Interpretationen offenes Gedicht, man kann es ebenso auf die persönliche Geschichte eines Menschen wie auf die politische Geschichte eines Landes beziehen. In diesem Gedicht steht jeweils die erste Person Singular eines starken Verbs im Präsens, Präteritum und Perfekt in der linken Spalte, die eines schwachen Verbs in der rechten Spalte. Die einzige Ausnahme steht bei *treten*, wo statt des Perfekts das Futur steht.

Man kann die beiden Spalten nacheinander von oben nach unten lesen, wobei auffällt, daß die starken Verben eher Sachverhalte beschreiben, die mit „Stärke" zu tun haben, während die schwachen Verben meist solche beschreiben, die mit „Schwäche" verbunden werden. Man kann aber auch zwischen den beiden Spalten im Zickzack hin- und herspringen und eine Geschichte konstruieren.

Lektion 5

LB 5 B
S. 51/52

M. Andritzky: Das Bedürfnis nach Kontakt und Kommunikation

Aufgabe 2

Übungen dieses Typus werden im Lehrbuch noch mehrfach auftreten. Sie haben drei verschiedene Ziele:

(1) Ähnlich wie bei den Übungen zur Identifikation der Sprechabsicht sollen die Lerner nicht oder nicht voll explizierte Bedeutungskomponenten erkennen, so etwa im ersten und zweiten Satz die Rolle der Adverbien *freilich* bzw. *sicherlich* für die Satzbedeutung.

(2) Weiter sollen die Lerner für die Referenzfunktion von Pronomina und Substantiven sensibilisiert werden (Satz 2.2–2.6). Das hört sich sehr theoretisch an, ist jedoch für das Lesen von Texten, bei denen es auf Detailgenauigkeit ankommt (z. B. in wissenschaftlichen Texten) sehr wichtig.

(3) Schließlich sollen die Lerner Kriterien dafür entwickeln, was einen Text zu einem Text macht. Diese Aufgabe führt zu den Bemerkungen zur Textlinguistik in den späteren Lektionen.

Aufgabe 3

Viele junge Leute ziehen in eine Wohngemeinschaft oder schließen sich einer Gruppe an, weil sie am modernen Lebensstil kaum etwas anderes so stark kritisieren wie die Vereinsamung und Vereinzelung in der Massengesellschaft. ‚Gemeinsam – statt einsam' heißt die neue Parole, die freilich so neu gar nicht ist.

Bis weit ins 18. Jahrhundert hinein – und in bürgerlichen Gegenden bis heute – gab es die strikte Trennung von Öffentlichkeit und Privatheit, Wohnen und Arbeiten nicht, beide Bereiche durchdrangen sich ständig. Das Alleinsein war hier die Ausnahme, nicht die Regel, und man hätte sicherlich völlig verständnislos auf jene statistische Erhebung reagiert, daß viele ältere Leute heute im Jahr nicht mehr als zehnmal überhaupt in engeren Kontakt mit anderen Menschen treten.

Sicherlich ist die soziale Kontrolle, die eine solche Lebensform mit sich bringt, relativ groß und die Freiheit, tun und lassen zu können, was man will, eingeschränkt. Aber das wird durch den Gewinn an Kommunikation, gegenseitiger Hilfe und gemeinsamer Beschäftigung wettgemacht. Das Bedürfnis nach Kontakt und Kommunikation steht heute in einem merkwürdigen Wechselverhältnis zu dem Bedürfnis nach Abschirmung und Schutz vor der Außenwelt. Beides soll die Wohnung bzw. die Wohn-umwelt ermöglichen. Die Feststellung, daß viele Menschen engere Kontakte zu den Mitbewohnern gar nicht wollen, trifft sicherlich auf Leute zu, die beruflich oder privat so viele soziale Kontakte haben, daß sie im Wohnbereich gern darauf verzichten können. Für alte Leute, Hausfrauen, Kinder und Jugendliche, Arbeitslose usw. – also für die Mehrheit der Bevölkerung, die den größten Teil ihrer Zeit im Wohnbereich verbringt – gilt dies jedoch nicht.

Diese Gruppen leiden besonders unter der Abstraktheit und Kommunikationsfeindlichkeit vieler neuer Siedlungen.

Pro Großstadt – pro Kleinstadt

LB 5 C
S. 53/54

In diesem Lektionsteil wird das Lernziel „Argumentieren" zum ersten Mal in das Zentrum von Überlegungen und Übungen gestellt. Mit dem Sammeln und Ordnen von Argumenten pro und contra, mit der auditiven Rezeption von zwei kontrovers formulierten Statements (als Einleitungsteile für eine Diskussion) und mit der anschließenden selbständigen Formulierung der Statements soll begonnen werden, die Fähigkeit zu entwickeln, argumentative Textsorten adäquat zu rezipieren und auch selbst mündlich und schriftlich zu produzieren.

Es empfiehlt sich, am Anfang über die Bedeutung des Argumentierens überhaupt sowohl im Alltagsleben als auch in der wissenschaftlichen Praxis mit den Kursteilnehmern ein Gespräch zu führen. Damit verbunden sein sollte die Klärung von wichtigen Begriffen (z. B. von Behauptung/These/Hypothese, Begründung, Argument (pro/contra), Widerspruch, Widerlegung, Zugeständnis, Relativierung) sowie Hinweise auf lexikalische und syntaktische Mittel (z. B. Kausalsätze, Konzessivsätze) für die sprachliche Realisierung von Intentionen.

Nach einer weitgehend produktiv gestalteten Vorbereitungsphase (Sammeln von Argumenten in Gruppen, Interpretation von rezeptionssteuernden Überschriften) sollen zwei Texte auditiv perzipiert werden, die für eine durchschnittliche Lernergruppe auf dieser Stufe mit Sicherheit eine Reihe unbekannter Lexeme und unverständlicher Textstellen enthalten. Dabei werden die Lerner die Erfahrung machen, daß trotz dieser Defizite wichtige Textzusammenhänge verstanden und unter die globalen, für die Textsorte „Statement" spezifischen Gliederungspunkte „Begründungen" und „Konsequenzen" eingeordnet werden können. Dies kann auf der Basis von fragmentarischem Notieren geschehen.

LB 5 D
S. 58

Aufgabe 8

1.	O	D	E	N	W	A	L	D
2.	F	L	A	N	I	E	R	E	N
3.		R	U	H	E			
4.		A	M	S	E	L		
5.	V	O	R	S	T	A	D	T
6.		S	T	I	L	L	E	
7.		N	A	T	U	R		
8.		D	A	C	H			
9.		T	U	R	M			

AB 5 B
S. 65

Synonyme Ausdrücke (1)

Wichtig bei dieser Übung (die für sich genommen nicht schwer ist) ist der Hinweis darauf, daß bestimmte Ausdrücke und Wörter in der Regel nur in ganz bestimmten Kontexten gegeneinander ausgetauscht werden können (kontextuelle Synonymie) und daß es absolute Synonyme nur in Ausnahmefällen gibt.

AB 5 B
S. 65/66

Modalverben

Diese Übung hat korrektiven Charakter: Der Infinitiv ohne *zu* bei den Modalverben im Gegensatz zum Inf_{zu} bei anderen Ausdrücken soll geübt werden.

(1) Viele junge Leute *wollen (mögen) lieber* in einer Wohngemeinschaft leben.

(2) Allerdings *kann* man in einer Wohngemeinschaft *nicht* immer tun und lassen, was man will.

(3) Man *muß* manchmal mehr Rücksicht auf andere nehmen, als einem lieb ist.

(4) Aber viele *wollen* diese Einschränkung ihrer Freiheit hinnehmen.

(5) Die Wohnung *soll* das Bedürfnis nach Kontakt und Abschirmung befriedigen.

(6) Viele Menschen *wollen* jedoch *nicht* in zu enge Kontakte mit ihren Nachbarn treten.

(7) Alte Leute, Hausfrauen und Kinder *müssen* deshalb auf viele soziale Kontakte verzichten.

Er *fühle sich* geborgen in der vielkritisierten Anonymität der Großstadt, wo er leben *könne*, wie er *wolle* – und nicht *müsse*, aus Rücksicht auf die Leute.

AB 5 C
S. 66/67

Zugeständnisse, Gegensätze, Widersprüche

(1) Zugeständnis, (2) Widerspruch, (3) Zugeständnis, (4) Gegensatz, (5) Widerspruch, (6) Widerspruch.

Intonationsübung (I)

AB 5 C
S. 68

 AB
9

Pause: / Keine Pause: ⌣

Fußmarsch in den öffentlichen Park, um Luft zu schnappen / und Bäume zu sehen. Ich bin frei von allem, was die Kleinstadt sympathisch ⌣ und heimelig macht. In der Kleinstadt kennt jeder jeden / und wird von jedem beobachtet. Ich habe eine Wohnung mit einem Blick auf die City ⌣ und den Bahnhof. Um meine Wohnlage beneiden mich viele: herrliche Lage mit Blick auf die City / und nur 5 Minuten von ihr entfernt.

Selektionsübung (S)

AB 5 C
S. 68

 LB
5

(1) kein Fleckchen Grün vorm Haus;
(2) nicht im Dunst der Kleinstadt;
(3) – und nicht muß aus Rücksicht auf die Leute;
(4) auch wenn mir die Wirte nicht die Hand drücken;
(5) Im Bus, der dann noch nicht im Depot steht;
(6) Zwar nicht mit dem Fahrrad;
(7) ohne Wiesen, Kühe, Pferde;
(8) ohne ländliche Stille.

Reflexivpronomen oder Personalpronomen?

AB 5 C
S. 69/70

Noch auf der Mittelstufe haben einige Lerner die Schwierigkeit, beide Pronomina zu unterscheiden. Vielleicht hilft der Hinweis auf Satzpaare wie: *Er rasiert sich* und *Er rasiert ihn*. Im ersten dieser Sätze tritt nur eine Person auf, im zweiten sind zwei Personen beteiligt. – Zu den reflexiven Verben sollte, ebenso wie zu den Verben mit obligatorischem *es*, eine Kartei angelegt werden.

Vergleich zweier Bilder

AB 5
S. 70–72

Die beiden Bilder sind dem Bildroman „Fliegenpapier" (1982 erschienen beim Zweitausendeins Versand in Frankfurt) entnommen. Dashiell Hammett (1894–1961), der Mitbegründer des harten Kriminalromans, schrieb eine krude Kriminalstory über eine Menschenjagd in einer großen amerikanischen Stadt der Zwanziger Jahre. Hans Hillmann, Professor für Graphik und Gestalter von Filmplakaten, hat sie – sepiabraun auf weiß – im Stil der schwarzen Hollywoodkrimis gezeichnet. Ein besonderer Verfremdungseffekt der Graphiken liegt darin, daß die doppelseitigen Bilder in der Mitte durch einen weißen Streifen getrennt sind. Um der Phantasie mehr Spielraum zu lassen, wurden zwei linke Bildhälften ausgewählt, die zuerst beschrieben und dann zu einer Geschichte kombiniert werden sollen.

Umzugsspiel

Jede Vierergruppe erhält eine Karte mit folgendem Text:

> Sie sind vier Personen in einer Familie. Der Mutter hat man eine interessante Tätigkeit im Ausland für ein Jahr angeboten. Sie haben alle verschiedene Meinungen in bezug auf einen Umzug auf Zeit. Sie *müssen* einen Kompromiß finden.

Jeder der vier Spieler einer Gruppe erhält eine Strategiekarte, nach der er zu argumentieren hat.

Sie sind die Mutter. Sie haben viele Jahre Ihre Interessen der Familie untergeordnet. Das ist eine einmalige Gelegenheit, mit neuen Kollegen an einem neuen Projekt in einem interessanten Land zu arbeiten. Sie wollen Ihren Plan auf keinen Fall aufgeben und sind dafür bereit, sich um die Vermietung Ihrer jetzigen Wohnung zu kümmern.	Sie sind der Vater. Im Prinzip freut Sie die Idee, aber Sie haben Angst um Ihre Stelle oder davor, Ihren Chef um Beurlaubung zu bitten. Sie sorgen sich auch um die Wohnung, das geringere Einkommen, die Schule der Kinder, Ihre Stellung als Hausmann. Sie sprechen die Landessprache nur ein wenig. Sie müssen sich entscheiden.
Sie sind der 18jährige Sohn und sollen in dem Jahr das Abitur machen. Danach wollten Sie gleich mit einem Praktikum anfangen und haben auch schon einen Praktikantenplatz. Trotzdem würden Sie gern mitfahren, weil man Ihnen viel von dem Land erzählt hat. Wann gibt es noch einmal eine solche Chance? Die Entscheidung fällt Ihnen sehr schwer. Wenn Sie hier bleiben, können Sie bei einer befreundeten Familie wohnen.	Sie sind die 15jährige Tochter. Sie können die Abreise nicht erwarten. Die Schule macht Ihnen keine Sorgen, auch wenn Sie ein Jahr verlieren. Dafür lernen Sie viel Neues; die Sprache, die Leute, das Land wollen Sie kennenlernen. Auch soll man da viel besser Sport treiben können. Und es ist das ganze Jahr warm. Sie wollen auf jeden Fall mit.

Eine Schwierigkeit dieses Spiels besteht darin, jeweils 2 Herren und 2 Damen für eine Gruppe zu finden. Die Teilnehmer müssen manchmal Söhne statt Töchter spielen und umgekehrt.

Lektion 6

Zimmer in Wohngemeinschaft zu vermieten (Rollenspiel)

Spiel

8 Spieler: 3 Mitglieder einer WG und 5 Kandidaten für ein freies Zimmer.
Material: 5 Auftragskarten, 1 Folie oder 1 großes Stück Packpapier mit folgendem
Text:

> Eine Wohngemeinschaft hat ein Zimmer zu vermieten. Es liegt verkehrsgünstig
> und nicht weit von der Universität. Es ist 27 m² groß und hell, müßte aber
> gestrichen werden. Zur Zeit leben drei Studenten in der WG. In der WG wurde
> bisher nur an den Wochenenden gemeinsam gekocht, das Saubermachen und
> Einkaufen wird durch einen Wochenplan geregelt.

Fünf Bewerber sind an dem Zimmer interessiert. Sie stellen sich den drei Mitgliedern der WG vor. Der Rest der Klasse notiert sich die Argumente der Kandidaten
und wählt den geeigneten aus.

Auftragskarten (für die fünf Bewerber jeweils auf der Vorderseite:)

> Sie sind ein Bewerber. Begründen Sie Ihr Interesse an dem Zimmer. Zeigen Sie
> sich anpassungsfähig, fragen Sie aber auch nach wichtigen Einzelheiten, z.B.
> Funktionieren des Wochenplans, Kosten für das Zimmerstreichen, gemeinsame
> Freizeit usw.

(auf der Rückseite:)

> (1) Sie haben schon Erfahrungen in einer WG gesammelt, wo Sie aber eine
> engere Gemeinschaft vermißt haben. Auch hat es dort zuviel Ärger mit dem
> Putzen, Aufräumen, Einkaufen und dem Abwasch gegeben.

> (2) Sie haben noch nie in einer WG gewohnt, wollen es aber unbedingt versu-
> chen. Zur Zeit sind Sie in einem Studentenwohnheim untergebracht. Sie sind im
> zweiten Semester, fühlen sich etwas verloren und suchen Kontakt.

> (3+4) Sie haben ein Jahr mit Ihrer Freundin zusammengewohnt und wollen
> jetzt mit ihr in eine WG einziehen. Stellen Sie sich beide vor.

> (5) Sie haben seit drei Monaten keine feste Unterkunft und sind verzweifelt.
> Sie sind mit allem einverstanden, die Hauptsache ist ein Zimmer.

Die drei Mitglieder der WG erhalten folgende Auftragskarte:

> Sie wohnen in der WG. Sagen Sie etwas über die Vor- und Nachteile einer WG.
> Fragen Sie nach Beruf und Interessen der Bewerber. Versuchen Sie herauszu-
> finden, wie sich der Kandidat in die WG einleben würde. Ist er/sie anpassungs-
> fähig, kontaktfreudig?

Immer mehr Studenten in Wohngemeinschaften

Aufgabe 7

Der Überschrift ist zu entnehmen, daß die Lerner das Partizipialattribut auf dieser Stufe noch nicht selbst bilden sollen. Wichtig ist hier, daß sie den aktivischen/passivischen Charakter des Partizips I bzw. II erkennen. Die Unterscheidung zwischen *werden*- und *sein*-Passiv greift eigentlich auf Lektion 11 vor, aber beide Strukturen sind den Lernern schon aus der Grundstufe bekannt.

Statistik: Studentische Wohnformen

Für die Rezeption gesprochener und geschriebener wissenschaftlicher Texte kann schnelle Aufnahme und Verarbeitung von Informationen, die in Form einer Statistik präsentiert werden, sehr wichtig sein. Dieser Lektionsteil, der Einzelschritte dafür aufzeigt, kann nur ein erster Anfang für ein ständiges Üben dieser speziellen Fertigkeiten sein.

Wenn man feststellt, daß eine Lernergruppe überhaupt keine Erfahrung in der Arbeit mit dieser „Textsorte" hat, muß zuerst die Bedeutung der in vertikaler bzw. horizontaler Reihe stehenden Angaben (hier: Wohnformen bzw. Jahreszahlen) sowie deren Relation untereinander geklärt werden. Dann kann die „Versprachlichung" der Statistik in der vorgesehenen Reihenfolge versucht werden: Klärung unbekannter Lexeme, Interpretation der Überschrift, Formulierung von Sätzen über Teilangaben, Darstellung der Gesamtentwicklung. Dabei sind die Redemittel für „Zunehmen" und „Abnehmen" mit entsprechenden grammatischen Zusätzen einzuprägen (vgl. AB, S. 82).

Zimmersuche (Interview)

Hier werden die Lerner zum ersten Mal mit der Textsorte „Interview" konfrontiert. Da die Kenntnis von spezifischen Textsortenstrukturen das Textverstehen zweifellos erleichtert, soll das erste Anhören des Textes noch nicht den konkreten Inhalt, sondern nur Merkmale der Textsorte „Interview" erfassen. In **Aufgabe 3** sollen die Rolle der Interviewpartner (bereits vorinformierter Befragender; sachkompetenter Befragter), die Funktion des Interviews (durch Fragen gegliederte und gesteuerte Information für Dritte) und die Adressaten des Interviews (Interessenten für genauere Auskünfte über einen Sachbereich) genauer bestimmt werden. **Aufgabe 5** stellt Charakteristika der Diktion in den Mittelpunkt: Der Lerner soll herausfinden, daß der „Normalton" eines Interviews durch Ausdrücke wie „ruhig", „sachlich", in diesem Fall auch „freundlich/wohlwollend", bestimmt ist. Dabei kann die Diskussion auch durchaus auf Interviewsituationen ausgedehnt werden, die nicht oder nicht nur die sachliche Informationserweiterung zum Ziel haben, sondern in denen der Fragende verdeckt oder offen dem Interviewten publikumswirksame Antworten vorgibt oder diesem schaden will.

Die Rezeption des konkreten Interviewtextes soll dann in zwei Phasen erfolgen, die – wie durchgängig im Hörverstehensprogramm von WEGE – verschiedene

Aufgabenstellungen enthalten und zunächst die Konzentration auf textstrukturie-rende Passagen (in diesem Fall also wieder auf Fragen) lenken. Dazu können auch fragmentarische Notizen gefordert werden, ebenso beim dritten Hören zu Details von Antwortteilen.

Da das Interview nur Wohnprobleme in der Bundeshauptstadt Bonn behandelt – in vielem freilich typisch für die Situation des ausländischen Studenten auch in anderen Städten –, ist eine umfangreiche Transferphase (**Aufgaben 8** und **9**) eingeplant. Die darin enthaltenen Vorschläge können beliebig erweitert werden: Interview mit dem Leiter eines Studentenhauses, mit einem Vermieter, mit einem Vertreter der kommunalen Wohnungsvermittlung usw. Wichtig ist, daß diese Interviews *vorstrukturiert*, d. h. Fragen in einer sinnvollen Reihenfolge *vorher* in Stichpunkten notiert werden.

Verben der quantitativen Veränderung

AB 6 B
S. 82/83

Wer immer noch Schwierigkeit mit dem Unterschied zwischen den Präpositionen *um* und *auf* hat, dem kann man vielleicht mit dem folgenden Satzpaar helfen: *Der Dollar fiel gestern um 0,0256 DM – Der Dollar fiel gestern auf 0,0256 DM* (letzteres wäre eine wirtschaftliche Katastrophe).

Beschreibung einer Tabelle

AB 6 B
S. 83

Beispiel für Ermittlung der Prozentzahl (falls kein Taschenrechner benutzt wird):

Studenten des SS 84 insgesamt: 38009

davon weiblich: $17264 = \dfrac{1726400}{38009} = 45,42\%$

davon Ausländer: $1497 = \dfrac{149700}{38009} = 3,94\%$

Es ist zu empfehlen, daß vor der Versprachlichung der Details zunächst die Hauptinformationen der Tabelle formuliert werden:

– die Tatsache, daß in Wintersemestern die Gesamtzahl der Studenten höher liegt,
– der leichte Anstieg der Gesamtzahl,
– der stärkere Anstieg der Zahl der Studentinnen,
– der Anstieg der studierenden Ausländer(innen) auf 4,26%.

Antizipationsübung (A)

AB 6 C
S. 84

AB 10

Es soll hier noch einmal darauf hingewiesen werden, daß nach dem Gongzeichen der Satz *mündlich* möglichst rasch zu Ende geführt werden soll. Erst danach sollen die Sätze auch gelesen werden, jetzt mit dem Ziel, möglichst viele korrekte Varianten der Ergänzung aufzuschreiben. Der Text ist im Anhang des AB (S. 291) abgedruckt. Je nach Kursniveau kann der Lehrer weitere, *inhaltlich* anspruchs-vollere A-Übungen formulieren.

<table>
<tr><td>

AB 6 **C**
S. 84

🔋 **AB 11**

</td></tr>
</table>

Intonationsübung (I)

(1) Der <u>A</u>StA kann ausländischen Stud<u>e</u>nten / bei der Zimmersuche h<u>e</u>lfen. // ↘

(2) Er hat die M<u>ö</u>glichkeit⃗, / ausländischen Stud<u>e</u>nten bei der Z<u>i</u>mmersuche zu h<u>e</u>lfen. // ↘

(3) Er war aber n<u>i</u>cht in der L<u>a</u>g⃗e, / ein Z<u>i</u>mmer zu bes<u>o</u>rgen. // ↘

(4) Die Z<u>i</u>mmerwünsche <u>au</u>sländischer Stud<u>e</u>nten / sind j<u>e</u> nach Nationalit<u>ä</u>t verschi<u>e</u>den. // ↘

(5) Das Soz<u>ia</u>lamt / sollte bei der Ert<u>ei</u>lung der <u>A</u>rbeitserlaubnis gr<u>o</u>ßzügiger sein. // ↘

(6) N<u>o</u>tleidende Studenten sollten auch w<u>ä</u>hrend des Semesters <u>a</u>rbeiten dürfen. // ↘

Aufgabe 3 ist eine Speicherübung. Sie dient dem mündlichen und schriftlichen Memorieren längerer Sinngruppen. Bitte die Anweisungen genau beachten.

<table><tr><td>

AB 6 **D**
S. 85

</td></tr></table>

Briefformeln

1 Es passen zueinander: a – 1, 5, 8, 9; b – 2, 3; c – 1, 5, 8, 9; d – 3, 9, 10; e – 1, 5, 8, 9; f – 2, (3,) 4, 7; g – 9, 10; h – 2, (3,) 4, 7; i – 6; j – 9.

2 Formbrief: a, c, e, 1, 5, 8, 9;
persönlicher Brief: a, b, c, d, e, g, i, j, 3, 6, 8, 9, 10;
Liebesbrief: b, f, h, 2, 3, 4, 7.

Lektion 7

<table><tr><td>

LB 7 **A**
S. 69–71

</td></tr></table>

Negative Auswirkungen des Individualverkehrs

Gegenstand des Hörverstehens ist hier zum ersten Mal ein (monologischer) Kurzvortrag, dessen Gliederungsprinzip (additive Sequenz mit Teilüberschriften) allerdings sehr transparent ist. Vorbereitungsphase als auch Überprüfungsphase müssen berücksichtigen, daß sowohl die Lexik als auch ein Teil der dargestellten Sachverhalte nicht dem Alltagswortschatz entsprechen bzw. nicht selbstverständlicher Alltagserfahrung angehören. Aus diesem Grund wurde auch für die Überprüfungsphase die einfachste Form einer „Wiedererkennungsübung" gewählt: Multiple choice. Dabei richten sich in den Abschnitten 2 und 3 die Distraktoren auf inhaltliche Details. In den für die weitere Progression sehr viel relevanteren Aufgaben zu Abschnitt 1 und 4 wird die Konzentration der Hörenden auf Auswahl und Reihenfolge der im Text erscheinenden Teilthemen bzw. auf die nicht klar artikulierte Verfasserintention gelenkt. Das Problem der Speziallexik dieses Textes wird teilweise durch die Vorbereitungsphase, teilweise durch die Wiedererkennungsaufgaben des Multiple choice gelöst: Die Worte und Begriffe erscheinen in den Distraktoren, die *vor* dem Hörverstehen gelesen werden, weil sie dieses steuern sollen. Da die Überprüfungsphase keine sprachliche Produktion erfordert, ist die Vorbereitungsphase lernerzentriert gehalten: Die Leitthemen für die einzelnen Abschnitte werden vorgegeben, deren syntaktische Form (Nominalkomposita) abgeleitet, die einzelnen Begriffe mit vorhandenem Erfahrungswissen in Gruppen konkretisiert. **Aufgabe 5** fordert die Formulierung und den Vortrag eines neuen Textes, der als Basis sowohl gesammeltes Erfahrungswissen als auch Neuinformationen des Textes enthalten soll.

Aufgabe 4

1c; 2a; dann (2)c; 3b; dann wiederum (3)b; 4c.

Diskussion: Pro und contra Individualverkehr in den Städten

LB 7 B
S. 71/72

Dieser Lektionsteil führt den in 5 C (S. 53/54) begonnenen Ansatz weiter, die Fertigkeit „mündliches Argumentieren" (Diskutieren) systematisch aufzubauen.

(1) Für die in 5 C bereits eingeführten Grundschritte einer Diskussion (These/ Planvorschlag; Argumente pro und contra; Widerlegung und Relativierung der Argumente) werden Redemittel angeboten, die vom Lerner bei der weiteren Arbeit mit WEGE immer wieder zu ergänzen und zu festigen sind. Das Erfassen von Redemitteln zum Thema „Argumentieren" gehört zum unerläßlichen Bestandteil einer Lernerkartei für häufig vorkommende Lexeme.

(2) Während das erste Statement (contra Individualverkehr) durch die Aufgaben in 5 A bereits vorbereitet ist, muß das zweite (pro Individualverkehr in den Städten) völlig neu gefaßt werden.

(3) Eine kurze, von der Lernergruppe auf Band aufgenommene Diskussion soll dann die Basis für eine entsprechend kurze Diskussionsanalyse sein: Argumente und Gegenargumente, deren Widerlegung und Relativierung, Zustimmung und Widerspruch sollen selegiert und deren sprachliche Präsentation festgestellt werden. Unter Umständen kann hier bereits darüber diskutiert werden, aus welchen Gründen eine der beiden Parteien besser vertreten wurde.

Optimist und Pessimist oder Für und Wider

Spiel

Material: ein Stoffball (oder ein weicher Gegenstand) und Karten mit Reizwörtern (siehe unten).
Spielverlauf: Die Reizwörter liegen verdeckt auf dem Tisch. Die Teilnehmer bilden zwei Gruppen. Eine Gruppe äußert sich stets positiv, die andere äußert sich stets negativ.
Der Lehrer zieht eine Karte, nennt das Reizwort und wirft den Ball in die Gruppe der Optimisten. Wer den Ball fängt, muß etwas Positives zum Reizwort

äußern. Sollte jemandem nichts einfallen, kann ein Gruppenmitglied helfen. Dann wird der Ball in die Gruppe der Pessimisten geworfen. Wer ihn fängt, muß etwas Pessimistisches zum Reizwort äußern. Wenn keine Argumente mehr einfallen, zieht der Lehrer das nächste Reizwort.
Beispiel: Reizwort „Auto".
Optimist 1: Autofahren macht Spaß.
Pessimist 1: Autofahren wird immer gefährlicher.
Optimist 2: Mit dem Auto spart man viel Zeit.
Pessimist 2: Autos verschmutzen die Umwelt.
Ziel: Argumentieren, freies Sprechen.
Zeit: 30 Minuten.

Reizwörter für *für und wider* (die Wörter auf Kärtchen schreiben):

Schokolade – Knoblauch – Frauen – Männer – Milch – Alkohol – Käse – Ärzte – Geld – Polizei – Winter – die deutsche Sprache – Popmusik – kleine Kinder – Fußball – Rauchen – Hunde – Fernsehen – Spazierengehen – Regen – Sonne – Supermärkte.

(Spielidee nach R. Dirx, *Das Spiele-Buch*, Frankfurt/Main 1966.)

Der Marienplatz in München

LB 7 D
S. 76/77

Auch wenn der Marienplatz in München ein beliebtes touristisches Ziel ist und den meisten bekannt sein dürfte, kann der Lehrer – als Vorbereitung auf **Aufgabe 7** – eine Beschreibung eines in der *eigenen* Stadt gelegenen Platzes auswählen und auf eine entsprechende Darstellung in einem Reiseführer zurückgreifen. Lernziel und Methode müssen dabei nicht verändert werden.
Hauptlernziel dieses Lektionsteils: einen mit Details überfrachteten, sprachlich (insbesondere lexikalisch/semantisch) schwierigen Text so zu reduzieren und zu vereinfachen, daß dessen wichtigste Informationen in einer verständlichen, gefälligen, mündlichen Rede präsentiert werden. Unter Umständen muß der Lehrer sowohl bei der Entschlüsselung des Textes als auch bei der Selektion der Informationen helfen.

Bei der Abfassung der mündlichen Rede könnte man sich an folgenden Punkten orientieren:
(1) Statt genauer Jahreszahlen sollte das Jahrhundert und der in diesem Jahrhundert dominierende Stil angegeben werden.
(2) Auch Namen (von Erbauern, Baumeistern usw.) werden schnell vergessen und sollten deshalb in diesem Vortrag weggelassen werden.
(3) Historische Angaben (z. B. Errettung der Stadt im 30jährigen Krieg als Grund für das Denkmal „Mariensäule") sind im allgemeinen für den Zuhörer interessant, müssen aber auch von nicht unbedingt notwendigen Einzelangaben befreit werden.
(4) Hinzulenken ist auf alle Versuche, Gebäude bzw. eine Platzgestaltung genauer zu beschreiben, um den Fremden in seinem Sehen zu unterstützen (z. B. bei

74

einem Gebäude: Gliederung der Fassade, Treppenführung, Gestaltung des Mittelteils, Fenster und Fensterbekrönungen, Schmuck, Material/Farben/Ornamente usw.)

(5) Für die Diktion sollten die folgenden Regeln gelten:
  – Einzelsätze in verbalem Stil halten und längere, unübersichtliche Sätze vermeiden.
  – Aus der Vorlage nur jene Wörter bzw. Fachausdrücke übernehmen, die man verstanden hat und erklären kann.

Verbindung von Aussagen mit und ohne Negation

AB 7 A
S. 92

Durch die Negativ-Aussage wird die Positiv-Aussage vorbereitet. So kann man einen Spannungsbogen erzeugen, der zu der Positiv-Aussage hinführt und diese als Steigerung erfahren läßt. Diese Kombination ist in der monologischen mündlichen Rede ein häufig gebrauchtes rhetorisches Mittel, aber durchaus auch für die schriftliche Darstellung verwendbar (auch vom Fremdsprachler). Die Informationsaufnahme wird erleichtert, weil die Hauptinformation (Positiv-Aussage) angekündigt und teilweise inhaltlich vorweggenommen ist.

Das Proportionalverhältnis

AB 7 A
S. 93

Das Satzgefüge am Anfang dieser Übung hat in Haupt- und Nebensatz jeweils einen Komparativ. Die Übung läßt sich am leichtesten lösen, wenn man *mehr* in Haupt- und Nebensatz verwendet (*je mehr ... desto mehr*).

Intonationsübung (I)

AB 7 A
S. 94/95

Aufgabe 1

(1) Das farb- und geruchlose Gas Kohlenmonoxid / kann vom Menschen nicht einmal direkt wahrgenommen werden. // ↘

(2) Durch den Autoverkehr werden in der Bundesrepublik Deutschland / pro Jahr vier bis fünf Tonnen von diesem gefährlichen Kohlenmonoxid / freigesetzt. // ↘

(3) Der Lärm hat eine negative Wirkung auf das Nervensystem des Menschen // und vermindert Konzentration und Leistungsfähigkeit. // ↘

(4) Nach dem Zweiten Weltkrieg / reichten die alten Straßen / für den wachsenden Autoverkehr nicht mehr aus. // ↘

Aufgabe 2 ist wieder eine Speicherübung (Sp).
Die Sätze werden zunächst in Tongruppen vorgelesen, diese dann memoriert. Danach soll der Lerner versuchen, den *ganzen* Satz aus dem Gedächtnis nachzusprechen. Bei Speicherübungen muß das Buch selbstverständlich geschlossen sein.

AB 7 A
S. 95/96 ## Nominalkomposita (1)

Die Aufgaben II.1 und II.4 sind nicht ganz einfach. Der bestimmte Artikel wird wieder ohne besonderen Hinweis mitgeübt.

I

(1) die Verschmutzung *der* Luft – *die* Luft wird *verschmutzt*;
(2) Die Störung *des Schlafs* – *der* Schlaf wird *gestört*;
(3) die Änderung *der* Adresse – *die* Adresse wird *geändert*;
(4) die Nutzung *der Fläche* – *die Fläche* wird *genutzt*.

II

(1) die Belästigung *durch* Lärm,
(2) die Fähigkeit, etwas zu *leisten*,
(3) die Möglichkeit zu *parken*,
(4) die Voraussetzung *für das Studium*.

AB 7 A
S. 96/97 ## Wortbildung

Die Adjektiv-Suffixe *-reich, -arm* und *-voll* sind relativ einfach. Schwerer zu unterscheiden sind dagegen *-los, -frei* und *-leer*. *-leer* kommt äußerst selten vor und wird am besten wie eine Vokabel gelernt, z. B. *menschenleer*. Die Beispiele auf S. 97 für *-los* und *-frei* sollten ausreichend sein; vielleicht hilft auch der Hinweis auf *arbeitslos* und *arbeitsfrei* (**heute ist ein arbeitsloser Tag*).

Aufgabe 3

Ein rücksichtsvoller Autofahrer ist ein Autofahrer, der (viel) Rücksicht nimmt.
Ein kraftvoller Protest ist ein Protest, der (voller Kraft) kräftig/energisch vorgetragen wird.
Ein geräuscharmer Motor ist ein Motor, der (arm an Geräuschen ist) leise fährt / ruhig arbeitet.
Eine wasserleere Gegend ist eine Gegend, (die leer an Wasser ist) in der es kein Wasser gibt.
Staubfreie Luft ist Luft, die frei von Staub ist.
Eine baumlose Straße ist eine Straße, (die ohne Bäume ist) an der keine Bäume stehen.

AB 7
S. 100 ## Konditionalsätze

Wichtig ist hier der Hinweis, daß die zweite Alternative ein Nebensatz ist, obwohl das Verb nicht am Ende steht (nämlich in der indirekten Rede). Diese Variante kommt häufig mit *sollte* am Satzanfang vor.

Adjektive: attributiver und prädikativer Gebrauch (1)

AB 7
S. 102

Sehr viel mehr Adjektive, als man gemeinhin annimmt, können nur attributiv verwendet werden; solche Adjektive entsprechen oft (wenn auch nicht immer) einem attributiven Genitiv (vgl. AB 13, S. 146).
Die Formulierung der Regel ② ist richtig: manche Adjektive kann man nur mit Endung verwenden.

Lektion 8

Sprichwörter

LB 8 A
S. 80

Aufgabe 3

Hast du was, bist du was. / Armut schändet nicht.
Der Klügere gibt nach. / Wie du mir, so ich dir.
Gleich und Gleich gesellt sich gern. / Gegensätze ziehen sich an.
Wer zuerst kommt, mahlt zuerst. / Eile mit Weile!
Viele Köche verderben den Brei. / Vier Augen sehen mehr als zwei.
Frisch gewagt ist halb gewonnen. / Besser den Spatz in der Hand als die Taube auf dem Dach.

Marie Luise Kaschnitz: Ferngespräche

LB 8 B
S. 81/82

LB
9

(Einzig mögliches) Lernziel bei diesen beiden Gesprächen ist „globales Hören", definiert als Verstehen der Gesamtsituation, der Stimmungen und der Intentionen, die für die Redebeiträge von Angelika bzw. für die von Pauls Vater bestimmend sind.

Freilich ist auch das Lernziel „globales Hören" hier nicht einfach zu erreichen, und zwar aus zwei Gründen:
– Eine ganze Reihe unbekannter Lexeme bzw. umgangssprachlich gefärbter Satzteile erschweren die Rezeption. Dies wurde absichtlich nicht durch Wortangaben erleichtert.
– Mehrere Äußerungen sind nur auf dem Hintergrund von zu ergänzenden Redebeiträgen der jeweiligen Telefonpartner zu verstehen.

Aufgabe 3

Trotz dieser Schwierigkeiten können die das globale Hören steuernden Aufgaben bewältigt werden, wenn man verstandene Details in der Gruppe sammelt und sie verschiedenen Aspekten (wie die jeweilige Intention und die Beschreibung von

Situation und Charakter) zuordnen läßt, ohne eine Rekonstruktion *aller* geäußerten Details zu verlangen.

Da die Rede von Pauls Vater sehr monologisch strukturiert ist, wurde die Frage nach Charakteristika der Telefonsprache nur zur Rede Angelikas gestellt. Hier fallen die vielen Satzbrüche, die relativ kurzen Satzeinheiten, die Häufung von Fragen, Partikeln und Ausrufen auf.

Aufgabe 5

Diese Aufgabe hat bei den Erprobungen zu unterschiedlichen Ergebnissen geführt. Die Chance, einen Lückentext zu vervollständigen, sollte nicht vertan werden. Das zweite Gespräch eignet sich insofern besser, weil das Gespräch zwischen Angelika und Paul fast sentimentale Züge trägt und u. U. lächerlich wirken kann. Erfolgreich verlief der Versuch, die Äußerungen Angelikas auf einen nüchternen Kern zu reduzieren und formulieren zu lassen, wie die Partneräußerungen dann beschaffen sein müßten.

Aufgabe 6

Die Lerner sollten auf jeden Fall dazu angehalten werden,
– Informationen, die sich aus den Gesprächen ergeben, vor der Ausformulierung zu notieren und in eine sinnvolle Reihenfolge zu bringen,
– auch den weiteren Verlauf ihrer Geschichte vor dem Niederschreiben zu strukturieren.

Es sind viele Lösungen möglich. In der Erzählung von Marie Luise Kaschnitz ist Angelika schließlich mit Pauls Vater verheiratet, doch kann sie ihrer Freundin gegenüber nicht verleugnen, daß sie Paul nicht vergessen hat.

Marie Luise Kaschnitz lebte von 1901 bis 1974 und veröffentlichte diese Erzählung in einem Band mit dem gleichen Titel, 1966 in Frankfurt erschienen.

| LB 8 C |
| S. 84 |

Juliane Windhager: Nachbarn

Aufgabe 4

Auch hier gilt es wieder (vgl. LB, S. 23 und S. 57), Sprechabsichten zu identifizieren. Dieses Problem stellt sich in der gesprochenen Sprache meist stärker als in der geschriebenen, weil sie gewöhnlich weniger explizit ist. Auch wenn Deutsche miteinander reden, stellt sich oft die Frage: „Was wollen Sie damit sagen?"

| LB 8 C |
| S. 86 |

Aufgabe 9

Vorschlag: Probeweise alle Modalpartikeln im Text streichen und diesen dann vorlesen lassen. Man kann auch auf andere, hier nicht behandelte Modalpartikeln hinweisen, wie *wohl* und *eben*: *Die war wohl verrückt – dann hätte sie eben etwas anderes machen müssen.*

Liebesgedichte

Aufgabe 2 (Morgens und abends zu lesen)

Das Gedicht ist an einen geliebten Mann gerichtet.
Derjenige, der liebt und geliebt wird, soll auf sich achtgeben, weil der andere ihn braucht und ohne ihn nicht leben könnte.
Es ist schwer zu entscheiden, ob die Furcht vor dem Regentropfen ironisch oder hyperbolisch (übertreibend) gemeint ist.

Aufgabe 3 (Dich)

Die Frage, mit wem das lyrische Ich spricht, ist nicht eindeutig zu beantworten. Es spricht wohl eher mit sich selbst, um zur richtigen Einstellung dem *Du* gegenüber zu gelangen, denn das *Du* ist nicht anwesend.
Als Stilmittel benutzt Fried viele Wiederholungen, besonders oft das Verb *denken*, gleiche Wörter am Anfang der Verse (Anapher), z. B. *dich*, *und*, *nicht*, und an deren Ende (Epipher), z. B. *denken*, *bist*. Ferner verwendet er parallele Konstruktionen, in denen das Verb im Infinitiv steht.
Diese Infinitive haben wohl auffordernde Funktion. Man könnte ergänzen: *Ich will / möchte / darf dich nicht näher denken.*
Liebe wird hier in der Weise des Seins beschrieben, denn das lyrische Ich will das *Du* lieben, wie es wirklich *ist*, und es nicht idealisieren.

Aufgabe 4 (Unterwegs mit M.)

Für die Sprache des Gedichts ist die Konzentration auf Nomen (Substantive und Adjektive) charakteristisch. Die Worte bekommen dadurch ein größeres Gewicht. Am Ende stehen Einwortsätze. Durch das Fehlen von Pronomen und Verben wirkt der Text wie ein schnell hingeworfenes Notat.
Die menschliche Beziehung wird als glücklich und sorglos charakterisiert, sie bedarf nicht vieler Worte. Einer ist sich des anderen sicher. Teils spiegeln die Naturbilder die menschliche Beziehung, teils stehen sie im Gegensatz zu ihr. Zwischen den *vergessenen Straßen* und dem *abwesenden Beieinandersein* besteht wohl eine geheime Korrespondenz: Die einsamen Straßen verleiten zum Träumen. Andererseits steht das ruhige Gefühl der Geborgenheit in der Liebe (gemeinsam, Beieinandersein), der Sorglosigkeit und des Glücks im Gegensatz zur explosiven Gewalt der Bilder aus der Natur: *geborstene Wespen*, *platzender Regen* – sowie zum Wechsel zwischen Sonne, Dunkelheit und Sonne.

Aufgabe 5

Das Gedicht von Kunert führt zu der Frage nach dem sogenannten hermetischen Charakter moderner westlicher Lyrik.
Einige Kursteilnehmer wissen vielleicht Gründe dafür, warum moderne Lyrik oft schwer verständlich ist. Die Problematik kann nur andiskutiert werden, weil eine ausführliche Erörterung ein tiefes Verständnis der europäischen Literatur- und Geistesgeschichte voraussetzt. Deshalb nur einige wenige Stichpunkte/Thesen:

Verbrauchtheit vieler Bilder, Originalitätssucht vieler Autoren, das Fehlen verbindlicher gesellschaftlicher Konventionen, die Vereinsamung und Vereinzelung des Individuums, das nicht mehr in den Händen Gottes ruht, Zerstörung der *harmonia mundi.*

AB 8 **B**
S. 109

Intonationsübung (I)

Aufgabe 1

Du weißt natürlich, / warum ich anrufe, / sagte Elly zu ihrer Tante Julie ... Der Papa will, / du sollst dich da einschalten, / ältere Generation und so weiter, / und weil es ja wirklich eine Dummheit ist, / was der Paul da vorhat / ↘ ... Ob ich sie kenne, / ja natürlich, einmal gesehen / ↘ ... Was du machen sollst? / ↗ Ihn anrufen, / pausenlos anrufen / ↘ ... Was sagst du? / ↗ Wenn er sie liebt? ↗ Ich bitte dich, Tante Ju, sei doch nicht kindisch. ↘

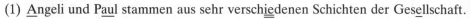

AB 8 **B**
S. 110

AB
14

Selektionsübung (S)

(1) Angeli und Paul stammen aus sehr verschiedenen Schichten der Gesellschaft.

(2) Angeli stammt aus kleinbürgerlichen Verhältnissen, Paul ist der Sohn eines Industriellen.

(3) Für Angeli ist die Begegnung mit Paul ein unerwartetes Glück.

(4) Weder ihre Familie noch eine gute Ausbildung geben ihr die notwendige Selbstsicherheit.

(5) Sie gerät in völlige Abhängigkeit von Paul.

(6) Bereits im ersten Gespräch zeichnet sich ab, daß diese Beziehung keine Zukunft hat.

AB 8 **D**
S. 110

Einer muß aussteigen

Akt – Prozeß – erwecken – vernachlässigen – Ehrlichkeit – langweilig – liebenswert – Bemühen – geben – Erfüllung – Lieben.

AB 8 **D**
S. 111

Verben mit Präposition (2)

sorgen für – eingehen auf + Akk. – sich freuen an + Dat. – beruhen auf + Dat. – halten für – führen zu – treffen auf + Akk. – sich verlieben in + Akk. – verleiten zu – sich verwandeln in + Akk. – sich sehnen nach – bekämpfen mit.
Mit Hilfe des Lexikons könnte herausgefunden werden, welche Präpositionen die Verben *sorgen* und *halten* außerdem noch haben (Vorsicht: dann jedoch reflexiver Gebrauch).

80

Aufgabe 2

1c, 2e, 3i, 4f, 5a, 6g, 7b, 8d, 9l, 10k, 11j, 12h.
Auch möglich: 6l und 9g.

Modalpartikeln

AB 8
S. 114

A: N'Abend Bertram. Sag *mal*, hättest du *nicht* auch *mal* wieder Lust, so richtig schick auszugehen?

B: *Eigentlich* nicht. Ich bin hundemüde. Das Büro hat mich *mal* wieder total geschafft.

A: Du willst *doch* nicht *etwa* sagen, daß du zu müde bist, mit mir auszugehen?! Da habe ich *ja* einen schönen Mann geheiratet!

B: Na gut, ich kann dich *ja* verstehen. Wenn man den ganzen Tag zu Hause ist, kann einem *schon* die Decke auf den Kopf fallen.

A: Au fein! Wohin gehen wir *denn*? Wir könnten *doch* in das neue französische Restaurant in der Kaiserstraße gehen und nachher noch zum Tanzen in die „Salsa".

B: Muß es *denn* gerade ein französisches Restaurant sein? Du weiß *ja*, daß die meistens nicht gerade billig sind.

A: Du könntest *ruhig* ein wenig galanter zu deiner Frau sein. Wo ich *doch* so gern französisch esse!

B: Gut, dann gehen wir *eben* in das neue französische Restaurant, auch wenn ich nicht einsehe, warum wir *überhaupt* ausgehen müssen.

A: Na, etwas freundlicher hättest du das *aber schon* sagen können.

Artikelgebrauch (1)

AB 8
S. 115

... ein König ... eine Frau ... die schönste ... der Welt ... eine Tochter ... die Königin ... den König ... der König ... Der König ... (Ø) Botschafter ... die verstorbene Königin ... auf der Welt ... der König ... die Augen ...
Hier geht es nicht um den Genusaspekt des Artikels, sondern um seine Textfunktion. Die einleitende Erklärung sollte als Hilfe ausreichen, die entsprechende Passage der Mittelstufen-Grammatik (§ 214) letzte Unklarheiten beseitigen.

Peter Bichsel: Vom Meer

AB 8
S. 117/118

Viele der Merkmale, die an Bichsels Text aufgezeigt werden können, sind typisch für die moderne Kurzgeschichte. Winfried Ulrich zum Beispiel (in *Arbeitstexte für den Unterricht, Deutsche Kurzgeschichten, 11.–13. Schuljahr,* hrsg. von Winfried Ulrich, Stuttgart 1981, S. 5 f.) zählt folgende Merkmale auf: Kürze, Punktualisierung (Komprimierung auf eine Momentaufnahme), Simultaneität (Dehnung des Augenblicks durch Einblendungen, Zusammenschau verschiedener Schauplätze und Zeiten durch inneren Monolog), Offenheit (Erzähler schaltet sich unvermittelt ein und ebenso wieder aus), Alltäglichkeit von Thema und Sprache, Mehrdeutigkeit (semantische Offenheit).

Das Ja-Nein-Tabuspiel

Material: Karten mit Fragen.

Spielverlauf: Die Karten werden verdeckt hingelegt. Ein Teilnehmer soll zu einem Thema interviewt werden. Allerdings sind nur Entscheidungsfragen zugelassen. Jemand zieht eine Karte und stellt die erste Frage. Die weiteren Fragen kommen aus dem Teilnehmerkreis. Der Befragte darf nicht mit „ja" oder „nein" antworten. Verstößt er gegen diese Regel, ist das Interview beendet. Dann wird derjenige, über dessen Frage er gestolpert ist, befragt.

Beispiel: Lesen Sie gerne Zeitung? – Natürlich.

Lesen Sie täglich eine Zeitung? – Dazu habe ich keine Zeit.

Gefällt Ihnen eine Zeitung besonders? – Ja, ...

Ziel: Formulieren von Entscheidungsfragen, Antworten auf Entscheidungsfragen.

Zeit: 20 Minuten.

Fragen zum *Ja-Nein-Tabuspiel* auf Kärtchen schreiben, z. B.:

Gehen Sie gern ins Kino? – Sind Sie Raucher? – Haben Sie eine schöne Wohnung? – Haben Sie Hunger? – Gefällt es Ihnen in ...? – Haben Sie Durst? – Haben Sie eine deutsche Freundin/einen deutschen Freund? – Sehen Sie gern fern? – Lesen Sie gerne? – Haben Sie ein Hobby? – Fahren Sie mit dem Auto zur Universität/zum Institut? – Sind Sie verheiratet? – Lieben Sie Kinder? – Sind Sie schon einmal geflogen? – Möchten Sie eine Tasse Kaffee? – Spielen Sie im Lotto? – Macht Ihnen das Deutschlernen Spaß? – Gefällt Ihnen das Lehrbuch? – Finden Sie die Lehrerin/den Lehrer sympathisch? – Ist das Klima in Ihrem Heimatland dem deutschen Klima ähnlich? – Fotografieren Sie gerne? – Arbeiten Sie gerne?

Hinweis: Je nach umgangssprachlicher Gepflogenheit können Sie auch die Du-Form auf die Kärtchen schreiben.

(Spielidee nach R. Dirx, *Das Spiele-Buch*, Frankfurt/Main 1966.)

Lektion 9

LB 9 A
S. 94

LB
12

Wie findet man Kontakte?

Den Auftakt zu dieser Lektion bildet, scheinbar paradox, eine Sammlung von Mini-Monologen, die den Tonbandinterviews von Abu Laila entnommen sind (vgl. AB 1 C). Die auditive Textrezeption mit den Zielen, verschiedene Sprecherstimmen zu unterscheiden sowie Einzelaussagen festzuhalten und zu vergleichen, soll an dieser Stelle eher eine sekundäre Bedeutung haben. Im Zentrum stehen Gespräche und u. U. Ratschläge zur Überwindung persönlicher Isolation (Aufgaben 1, 2 und 6). Diese werden – je nach Hochschulort – ganz verschieden ausfallen. Aufgabe 2 setzt eine Vorstellung von der Bedeutung des Begriffs „Anpassung" voraus. Es empfiehlt sich u. U., von einer Wortanalyse auszugehen: An-pass-ung –

ein Prozeß, in dem sich jemand „passend" macht für seine Umgebung. Im Verlaufe der Diskussion darüber, wie weit Anpassung in einem fremden Land notwendig ist und wie sie mit der Treue zur eigenen Kultur zu vereinbaren ist, kann eine genauere Definition gewonnen werden. In einem soziologischen Fachwörterbuch wird definiert: „Anpassung, Adaption, Angleichung des menschlichen Verhaltens durch Beruf und Erziehung an die sozialen Umweltbedingungen".

Wagner: Einige Hinweise für Erstsemester

LB 9 C
S. 97

Aufgabe 4

Ratschläge gehören zu den delikateren Sprechakten: Schon manche gute Absicht wurde zuschanden, weil sie falsch geäußert wurde, nämlich wie ein Befehl. Dies kann ausländischen Lernern ebenso passieren. – Die Zuordnung in der Tabelle ist nicht in jedem Falle eindeutig.

Pro und contra Gruppenarbeit

LB 9 D
S. 98

Dieser Lektionsteil dient dem Lernziel „Diskussionsfähigkeit". Grundlage für Argumente pro und contra sind – neben persönlichen Erfahrungen der Lerner – die abgedruckten Interview-Äußerungen. Diese Minitexte werden zu Stichworten reduziert und können dann in ein Pro-contra-Schema eingeordnet werden.
Die Formulierung der Statements und die anschließende Diskussion sollen von den Lernern selbständig durchgeführt werden. Danach wird die Struktur der auf Band aufgenommenen Diskussion beschrieben bzw. die struktur- und intentionsbeschreibenden Redemittel werden selegiert.
Wenn dies angebracht ist, kann die gesamte Diskussion oder können Teile davon bewertet werden, u. a. vielleicht mit folgenden Kriterien:
– Fehlten entscheidende Argumente?
– Warum kamen wichtige Argumente nicht zur Geltung?
– War die gewählte Reihenfolge sinnvoll?
– Wurden wichtige Argumente des „Gegners" widerlegt bzw. relativiert?
– Waren Aussagen der Sprecher verständlich? Wenn nein, warum nicht?
– Wirkte das Verhalten der Diskussionsteilnehmer überzeugend? Wenn nein, warum nicht?

Erika Runge: Frauen

LB 9 E
S. 99/100

LB
13

Dieser (monologische) persönliche Erfahrungsbericht ist ein längerer Ausschnitt aus einem ursprünglich auf Tonband aufgenommenen Interview. Da der ganze Text für eine auditive Rezeption auf dieser Stufe zu lang ist, wurde er in zwei Teile geteilt, die sich auch deutlich voneinander unterscheiden.
In einem ersten, längeren, aber leichter zu verstehenden Teil berichtet die Studentin ausführlich über die Schwierigkeiten, die Sorge für Kind und Haushalt und ein Studium miteinander zu vereinbaren. Lernziel ist (wie in LB 8 B) „globales Hörverstehen", d. h., es müssen nicht alle Einzelaussagen erfaßt werden. Die

erfaßten Aussagen werden gesammelt, den Rubriken „Kind/Haushalt" oder „Studium" zugeordnet und dann in dieser Form referiert. Obwohl dieser Teil zweifellos eine Reihe unbekannter Lexeme aufweist und der Bericht nicht klar gegliedert ist, werden keine zusätzlichen Hilfen gegeben. Der „Erfahrungshintergrund" soll vielmehr geschaffen werden durch die Produktion einer eigenen Geschichte aus Schlüsselwörtern des Textes (**Aufgabe 1**).

Einen sehr viel höheren Schwierigkeitsgrad weist der zweite Teil auf, da er grundsätzliche Reflexionen formuliert. Er enthält ein „handfestes Gespräch über die Aufgabenverteilung" in einem Haushalt von zwei berufstätigen Ehepartnern. Diese Diskussion zwischen Mann und Frau (die Frau eröffnet – jeder der Partner spricht dreimal; die Wiedergabe erfolgt teils in direkter, teils in indirekter Rede) soll möglichst genau gehört und reproduziert werden. Damit zumindest die Basis für das Verständnis gesichert ist, sind die einführenden Teile abgedruckt.

Auch die Überlegungen der Frau, die sich an das letzte Argument des Mannes anschließen, sollen möglichst intensiv gehört und so genau wie möglich wiedergegeben werden. Auch hier wird der Kernsatz zur Kontrolle und für die weitere Diskussion noch einmal abgedruckt.

In **Aufgabe 9** sollen die Lerner einen „Beraterbrief" formulieren, der auch nur an den Mann oder nur an die Frau gerichtet sein kann. Auch hier ist dringend nahezulegen, daß *vor* der Formulierung die eigene Position geklärt und der Aufbau des Briefes in Stichpunkten festgelegt wird.

AB 9 D
S. 122

Erörterung

Die Umwandlung einer Diskussion in einen argumentativen monologischen Text ist für die Adressatengruppe von WEGE ein wichtiges Lernziel. An dieser Stelle wird noch kein Protokoll gefordert, sondern eine Darstellung und Entfaltung wichtiger Pro- und Contra-Argumente mit anschließender eigener Stellungnahme, eingebunden in die (freilich fingierte) Kommunikationssituation eines Briefs.

Der Lehrer sollte auch bei dieser Produktionsaufgabe darauf achten, daß die einzelnen Gliederungspunkte auf der Basis von geordneten Stichworten ausgeführt werden. Die Aufmerksamkeit des Lerners ist auch auf satzverbindende Wörter und Wortgruppen zu lenken.

AB 9 E
S. 123

 LB 13

Intonationsübung (I)

Das Verhältnis zwischen Intonation und Gestimmtheit des Sprechers/der Sprecherin (hier: Müdigkeit, Resignation) ist zweifellos sehr schwer zu bestimmen. Diese Aufgabe und einige der folgenden Intonationsaufgaben sollen auch weniger zu konkreten Ergebnissen führen, als überhaupt Anlaß für eine Reflexion über dieses Phänomen sein.

AB 9 E
S. 123

AB 15

Antizipationsübung (A)

Es gilt (wie in AB 6 C), die Sätze möglichst schnell mündlich zu Ende zu führen, danach können auch Varianten aufgeschrieben werden (Text s. AB S. 292).

Orthographie

AB 9
S. 124

Die Lerner sollten sich hier nur die Regel merken, wann man -ss- schreibt. Besonders wichtig sind grammatisch bedingte Unterschiede in der Schreibung, wie sie etwa in *müssen – mußt* oder *essen – ißt* vorkommen. Die Lerner sollten noch weitere Verben finden, die hierher gehören (z. B. *wissen*).

Substantive mit Präposition (1)

AB 9
S. 126-127

Ohne gutes Lexikon ist diese Übung kaum zu bewältigen. Am Ende sollten die Fälle gesammelt werden, bei denen ein Substantiv und das zugehörige Verb verschiedene Präpositionen haben, z. B. *das Interesse an* vs. *sich interessieren für*.

Art.	Subst.	Präp.	+ ?	Verb	Präp.	+ ?
die	Jagd	auf	Akk.	jagen	–	Akk.
		nach	Dat.		nach	Dat.
das	Interesse	an	Dat.	sich interessieren	für	Akk.
		für	Akk.			
die	Sehnsucht	nach	Dat.	sich sehnen	nach	Dat.
die	Nähe	zu	Dat.	sich nähern	–	Dat.
die	Ahnung	von	Dat.	ahnen	–	Akk.
die	Frage	nach	Dat.	fragen	nach	Dat.
die	Zeit	in	Dat.	–		
		mit	Dat.			
die	Arbeit	an	Dat.	arbeiten	an	Dat.
		mit	Dat.		mit	Dat.
		für	Akk.		für	Akk.
die	Diskussion	über	Akk.	diskutieren	über	Akk.
		mit	Dat.		mit	Dat.
					–	Akk.
das	Gespräch	über	Akk.	sprechen	über	Akk.
		mit	Dat.		mit	Dat.
					von	Dat.
die	Studie	über	Akk.	studieren	–	Akk.
der	Verzicht	auf	Akk.	verzichten	auf	Akk.
der	Umgang	mit	Dat.	umgehen	mit	Dat.
der	Beitrag	zu	Dat.	beitragen	zu	Dat.
das	Bild	von	Dat.	–		
der	Traum	von	Dat.	träumen	von	Dat.
					–	Akk.
der	Bericht	von	Dat.	berichten	von	Dat.
		über	Akk.		über	Akk.
		an	Akk.		–	Akk.

Derivation

In der ersten Übung sind oft mehrere Lösungen denkbar:
gesellig – Gesellschaft/Gesellligkeit, individuell – Individuum/Individualität usw.

Orthographie

Aufgabe 1

Bei *-iel* sind natürlich beide Lösungen richtig.

Aufgabe 2

Diese Regel gilt nicht, wenn *-v* am Wortende steht; es wird dann wie *f* ausgesprochen, z. B. *der Nerv,* dies gilt auch für den Plural *die Nerven.*

Lektion 10

Träumender Jüngling

Durch die Diskrepanz zwischen Bild und Text soll die Phantasie dazu angeregt werden, das Auseinanderliegende zu verbinden. Es ist leichter, den Text vom Bild her zu interpretieren als umgekehrt. Die im Text beschriebene Situation, der ein Schiffbruch vorausgegangen sein könnte, kann als erfunden interpretiert werden. Ein Zusammenhang von Bild und Text mit dem Thema „Jugend in der Gesellschaft" ergibt sich daraus, daß viele Jugendliche sich in der Gesellschaft isoliert fühlen. Da viele junge Menschen wenig Zuwendung von den Erwachsenen erfahren, fühlen sie sich wie auf einer steinernen Insel ausgesetzt. Bei arbeitslosen Jugendlichen kommt der Eindruck hinzu, daß sie von der Gesellschaft nicht gebraucht werden.

Aufgabe 8

Auch bei dieser Übung sollte deutlich werden, daß nicht nur die Vokabeln, sondern auch die Grammatik Bedeutung transportieren. Hier geht es um Pronomina, den Konjunktiv II, das Partizipialattribut, die Nominalisierung.

Jugend der achtziger Jahre

Im Gegensatz zu dem stark optimistisch gefärbten Text „Mädchen wollen alles" enthält „Jugend der achtziger Jahre" eher pessimistische Aussagen zu Gegenwart und Zukunft der Jugendlichen. Die Lerner sollen hier mit dem Faktum konfrontiert werden, daß dasselbe Phänomen völlig unterschiedlich beurteilt werden kann. Die kurzen Ausführungen unter **Punkt 1** enthalten im Kontext einige wichtige Lexeme des ersten Abschnitts. Sie sollen deshalb intensiv gelesen werden.

Aufgabe 3 bietet möglicherweise Stoff für mehrere Stunden. Wenn die Lerner Interesse haben und entsprechende Kenntnisse besitzen oder diese erwerben wollen, dann sollte eine ausführliche Behandlung *nach* der Rezeption des Textes erfolgen – in Form von Kurzreferaten und kritischen Diskussionen. U. a. könnten folgende Geschichtstheorien genannt bzw. näher dargestellt werden:

(1) die marxistische G., die nach einer Übergangsphase der „Diktatur des Proletariats" die Existenz einer klassenlosen, konfliktfreien Gesellschaft ansetzt;

(2) eine theologische G., die davon überzeugt ist, daß eine gute göttliche Macht die menschlichen Geschicke lenkt;

(3) die liberalistische G., die davon ausgeht, daß Entwicklung trotz aller Gegensätze durch eine „prästabilierte Harmonie" bestimmt ist;

(4) eine an Ideen der Aufklärung orientierte G., die auf eine kontinuierliche „Erziehung des Menschengeschlechts" hofft;

(5) eine technizistisch ausgerichtete G., die ihren Optimismus auf Rationalismus und technischen Fortschritt setzt.

Der Text selbst wird zweimal präsentiert. Die Aufgabenstellungen dabei sind sehr verschieden.

LB 14

Da auf einer späteren Stufe das einmalige Hören eines Textes als normale Textpräsentation gefordert werden muß, wird hier schon nach dem ersten Hören eine Pause eingelegt, in der Verstandenes in Gruppenarbeit rekonstruiert wird. Das zweite Hören hat eine selektiv-kursorische Funktion: Hauptinformationen sollen auf der Basis von Fragen selegiert und formuliert werden.

Intonationsübung (I)

AB 10 C
S. 132-133

AB 16

Diese Abneigung gegen die technische Welt / kommt sehr stark / in den Wunschvorstellungen und Träumen der Jugendlichen zum Ausdruck. // ↘ Die Jugendlichen wurden nämlich / – im Verlaufe des Interviews / auch gefragt, an welchen Orten sie gerne leben möchten, wovon sie träumten. // ↘ Die meisten der von den Jugendlichen genannten Traumorte / liegen außerhalb der europäischen Zivilisation, / im fernen Süden oder Norden, / wo der städtische Raum ausmündet in unberührte Seen, / Wälder, / ins offene Meer. // ↘ Dabei bevorzugt ein großer Prozentsatz der Jugendlichen / das Leben in einem sogenannten alternativen Raum, / also z. B. in einem Fischerdorf, / ganz ohne Industrie. // ↘ Immerhin sind es 65% der Jugendlichen, / die danach streben. // ↘ Mit einem einsamen Haus am Waldrand / liebäugeln 55%. // ↘ Selbst für einen Bauernhof, / wie er noch vor 100 Jahren aussah, / können sich noch 34% erwärmen. // ↘

87

AB 10 C
S. 133

AB 16

Selektionsübung (S)

(Subjektgruppen: ____ ; Beziehungswörter: _____)

(2) <u>Diese Abneigung gegen die technische Welt</u> kommt sehr stark in den <u>Träumen</u> der <u>Jugendlichen</u> zum Ausdruck.

(3) <u>Die Jugendlichen</u> wurden nämlich auch gefragt, an welchen <u>Orten</u> <u>sie</u> gerne leben möchten, <u>wovon sie träumten</u>.

(4) <u>Die meisten der von den Jugendlichen genannten Traumorte</u> liegen außerhalb der europäischen Zivilisation.

Subjektgruppen von Abschnitt 2:

<u>ei</u>nes der wichtigsten Untersuchungsergebnisse; die Jugend '81; weit über ¾ der Befragten; die Mehrzahl der Jugendlichen; Geschichte; gerade diese skeptischen Jugendlichen; der.

AB 10 C
S. 134-136

Wortbildung

Zu **Aufgabe 1** vgl. den Text von AB, S. 259–261.

Aufgabe 2

Die Lerner sollen genau unterscheiden zwischen Suffixen und Endungen. Hier ein paar Beispiele für Reimpaare:

Sache: mache!; lache!; schwache; Drache; Dache*; usw.
Binde: Winde*; Linde; Rinde; Kinde*; schwinde!; usw.
Stiege: Wiege; Liege; liege!; fliege!; Fliege; Riege; siege!; usw.
Kunde: Wunde; Stunde; Munde*; Bunde*; Funde*; Hunde*; Runde; usw.
* = alter Dativ

Aufgabe 3.1

Ein Ereignis ist etwas, was sich ereignet.
Ein Hindernis ist etwas, was (jemanden an etwas) hindert.
Ein Hemmnis ist etwas, was hemmt.
Ein Erlebnis ist etwas, was erlebt wird.

Was das wechselnde Genus bei Substantiven auf *-nis* angeht, so sollte auf folgendes hingewiesen werden:
(1) Heute sind die meisten Substantive auf *-nis* Neutra.
(2) Bis ins 19. Jahrhundert sind in der deutschen Literatur viele Substantive Feminina, bei denen heute ein neutrales Genus festgelegt ist.
(3) Ein *-a-* in der Stammsilbe vor dem Suffix *-nis* (*-i-*!) wird oft umgelautet.

Lektion 11

Robert Wolfgang Schnell: Grüner Fisch

LB 11 A
S. 112

Abschnitt 2

Wir setzten das *werden*- und das *sein*-Passiv als bekannt voraus, halten es aber für sinnvoll, beide miteinander zu kontrastieren und im Rahmen einer typischen Textsorte (Kochrezept) zu behandeln. Es sollte darauf hingewiesen werden, daß die Gleichsetzung zwischen *sein*-Passiv und den mit *to be* und *être* gebildeten Passiven im Englischen bzw. Französischen meistens falsch ist. *werden*-Passive haben oft kein Agens.
Weitere Übungen zum Passiv finden sich im AB 14, S. 172.

Weinanbau in Deutschland

LB 11 B
S. 113

Anlaß für dieses Interview waren Fragen ausländischer Studenten, warum bei geselligen Anlässen so viele Weinlieder gesungen werden. Für das Interview wurden zwei Teilthemen vorgegeben:
(1) Es sollte erklärt werden, welche historischen Ereignisse zu dieser Weinlieder-seligkeit geführt haben.
(2) Es sollte bewußt gemacht werden, daß dieser oft in recht sentimentaler Weise besungene Wein eine Ware ist, die auf dem Binnen- und auf dem Weltmarkt harten Wettbewerbsbedingungen unterliegt. Dies gibt Gelegenheit, einige Grundbegriffe und Grundbezüge der Ökonomie einzuführen.

Der einleitende Lexikonartikel beleuchtet das Phänomen von einer dritten Seite: Die verschiedenen Arten von Wein sind Produkte komplizierter chemischer Prozesse.
Dieser Lexikonartikel, ein „natürlicher Lückentext", muß laut gelesen werden. Dabei ist besonders darauf zu achten, daß Abkürzungen richtig identifiziert und deren (oft textstrukturierende bzw. logische) Bedeutung erkannt wird.
Was die Präsentation des Textes angeht, so soll wieder nach der einmaligen Rezeption des Gesamttextes das jeweils Verstandene in der Gruppe zusammengetragen werden.

LB 15

Beim zweiten Hören wird segmentiert: Der mehr historisch orientierte Teil und die ökonomischen Ausführungen werden voneinander getrennt. Diese kürzeren Texteinheiten sollen von den Lernern zum ersten Mal ungesteuert rezipiert werden, wobei die Konzentration stärker auf die textgliedernden Fragen als auf die Antworten zu richten ist.
Die Diskussion zum Thema „Weintrinken" wird erfahrungsgemäß sehr engagiert geführt. Wir empfehlen, sie auf Band aufzunehmen und von den Kursteilnehmern analysieren und beurteilen zu lassen.

Hinweis zu **Aufgabe 1**, Frage 2: Der Begriff *Gärung* muß geklärt werden, damit die Definition des Begriffs *Wein* verstanden werden kann.

<table>
<tr><td>

LB 11 D
S. 118/119

 LB 16

</td><td>

Mensaessen

</td></tr>
</table>

„Mensaessen" ist in diesem Lehrwerk der erste dialogische argumentative Text, der nicht auf die Erörterung eines „Problems", sondern auf praktisches Handeln hin gerichtet ist. Ein Kommilitone soll überredet werden, mit in die Mensa zu gehen. Man kann davon ausgehen, daß die in den Einwänden formulierten negativen „Hintergrunderfahrungen" bei den Hörern starke Zustimmung finden. Die Diskussion dieser persönlichen Unterhaltung mit dem Ziel der Überredung ist stark umgangssprachlich, durch einen bestimmten Jargon geprägt: viele nicht schriftsprachliche Ausdrücke (z. B. „Fraß", „kriegen", „Bauchfüllen", „motzen"), Ellipsen (z. B. „krieg' immer nur Magenschmerzen"), Anakoluthe, Kurzsätze, Interjektionen. Die Lerner haben beim Hören folgende Aufgaben:
(1) die „Teilthemen", die in der vertikalen Spalte der Tabelle stichwortartig aufgelistet sind, beim Hören identifizieren; (2) diesen Teilthemen die rezipierten Pro- und Contra-Argumente zuordnen, sie selbständig als Stichpunkte formulieren und in die Tabelle eintragen.
Alle vorgetragenen Argumente enthalten Fakten, die in einen Begründungszusammenhang gestellt sind.
In **Aufgabe 6** soll der Lerner den umgekehrten Weg gehen: Aus den Begründungszusammenhängen Fakten herauslösen und diese kontinuierlich darstellen.

AB 11 B
S. 144

AB 17

Intonationsübung (I)

Aufgabe 3

(1) In anderen Ländern / – wir wollen hier nur Italien, Frankreich und Griechenland nennen / – gibt es viel weniger Weinlieder. // ↘

(2) Dafür wird / – und dies ist auch in anderen südeuropäischen Ländern der Fall / – viel mehr Wein produziert und getrunken. // ↘

(3) Der Hock / – der Name kommt von Hochheim, einem Städtchen im Rheingau / – war der Lieblingswein Prinz Alberts. // ↘

(4) Nach dem Weingesetz / – es wurde 1971 erlassen / – wird die deutsche Weinherstellung strengen Kontrollen unterworfen. // ↘

AB 11 B
S. 144/145

eigentlich, wohl und *übrigens*

übrigens wird in der Mittelstufen-Grammatik nicht behandelt, da es genau genommen keine Modalpartikel ist. Diese Übung sollte im Unterricht, nicht als Hausaufgabe, behandelt werden.
(1) . . . *eigentlich* bin ich . . .
(2) Sie wird *wohl* so um die 40 sein.
(3) *Übrigens*, hast du . . . Du willst mich *wohl* auf . . .
(4) Sie sind *wohl* gestern . . . Wissen Sie *eigentlich* . . . Sie können sich *übrigens* . . .
Eigentlich wollte ich . . .

Partizipialattribut und Relativsatz

AB 11 C
S. 146

Siehe hierzu LB 6 A, S. 61.

Nominalkomposita (2)

AB 11 C
S. 147/148

Diese Übung ist nicht leicht, sollte aber auf der Grundlage der zuvor behandelten Texte lösbar sein. Das Fugen-*s* in Satz 1 *(Verdauungsprozeß)* und Satz 6 *(Produktionsmengen)* tritt nach -*ung* und -*tion* grundsätzlich auf. Eine Übung zum Fugen-*s* findet sich in AB 13, S. 168/169.

sein + Inf$_{zu}$

AB 11 C
S. 148

Diese Übung gehört zum Komplex „Passivumschreibung/modales Passiv" (vgl. AB 15, S. 181/182). Diese Struktur gehört eher der geschriebenen als der gesprochenen Sprache an (Ausnahme: *Es ist doch nicht zu fassen).* Eine in diesem Zusammenhang gehörende Übung zur Sprache der Administration findet sich in AB 13, S. 164/165. Gleichzeitig wird in dieser Übung noch einmal der Komplex der trennbaren/untrennbaren Verben wiederaufgenommen.

Selektionsübung (S)

AB 11 D
S. 148/149

AB
18

Man sollte vor oder nach der Lösung dieser Aufgabe mit den Lernern ein Gespräch führen, in dem herausgestellt wird, daß Dialekte, Soziolekte und auch jargongefärbte Sprache nicht *eo ipso* minderwertiger sind als die an der Schriftsprache orientierte gehobene Umgangssprache. Freilich ist darauf hinzuweisen, daß diese Kommunikationsformen nur dann angewendet werden sollen, wenn der Kommunikationspartner sie versteht und akzeptiert.

Aus dem Gespräch über die Mensa könnte man folgende Ausdrücke herausgreifen: *Fraß; krieg; Zeug; Bauchfüllen; lecker; ewige Kartoffeln; motzen.*

Was umgangssprachliche Formen der Syntax angeht, so ist vor allem hinzuweisen auf das Fehlen von Pronomina: *krieg* statt *ich kriege*, *brauchst* statt *du brauchst.*

Walter Benjamin: Die Maulbeer-Omelette

AB 11
S. 149-151

Aufgabe 2

Hierzu ein Zitat aus Therese Poser, *Das Volksmärchen*, München 1980, S. 13 f.:

Das Kunstmärchen stammt von einem Verfasser, den man kennt und der es einmal geschrieben und in seinem Wortlaut fixiert hat; es ist Teil seines Gesamtwerks und wird aus diesem Gesamtzusammenhang heraus gedeutet. Das Volksmärchen dagegen steht im Zusammenhang mit verwandten Märchen des In- und Auslands, sein Autor ist nicht bekannt, es wird durch die mündliche Überlieferung immer wieder verändert, so daß es verschiedene Varianten eines Märchens gibt. Außerdem ist seine Handlungsführung einlinig, seine Figuren sind weniger komplex als die des Kunstmärchens.

Aufgabe 7

Typisch für die Märchensprache sind formelhafte Wendungen, die vor allem am Anfang und am Ende des Märchens stehen. Benjamin übernimmt aus dem Volksmärchen die bekannte Formel *Es war einmal* ... Er verwendet auch den weitgehend parataktischen Satzbau des Volksmärchens, viele Sätze beginnen mit *da* oder *nun*. Ferner ist die Verwendung des Artikels als Demonstrativpronomen für die Märchensprache charakteristisch (was dem Text einen deiktischen, hinweisenden Charakter verleiht: *Der hatte gesiegt* ..., *Den durchirrten wir* ...) sowie eine altertümliche Stilisierung (*sein Eigen nennen, ward, jemandem gewogen sein, eine Probe begehren, Eidam, munden*).

Für Märchen sind Wiederholungen und parallele Konstruktionen typisch, die hier rhetorisch höchst kunstvoll gebaut sind – vor allem in der Rede des Kochs (*Denn wohl kenne ich* ..., *Wohl weiß ich* ...; *Aber dennoch, o König,* ..., *Dennoch wird* ...; als Höhepunkt drei parallele, jeweils zweigliedrige Kolons: *der Gefahr der Schlacht und der Wachsamkeit der Verfolgten, der Wärme des Herdes und der Süße der Rast, der fremden Gegenwart und der dunklen Zukunft*).

Lektion 12

LB 12 A
S. 123

Ernten werden immer größer

Schaubild und Text enthalten Informationen, die teilweise identisch sind und sich teilweise ergänzen (vgl. **Aufgabe 3**). Aufgabe des Lerners ist es, die in LB 4 B, S. 38/39, gelernten methodischen Schritte und Redemittel anzuwenden, um die Informationen in einem zusammenhängenden Text dazustellen. Die Verben des Zunehmens sind (mit den entsprechenden Präpositionen) zu wiederholen und als Synonyme bei der Textgestaltung anzuwenden. **Aufgabe 4** kann auch vor **Aufgabe 3** bearbeitet werden: zur Kontrolle des Leseverständnisses.

Aufgabe 4 (Lösungsvorschläge)

rund: ungefähr, circa, etwa;
immer: ständig, ununterbrochen;
außergewöhnlich: ungewöhnlich, überaus, sehr;
Witterung: Wetter;
langfristig: lang anhaltend, über einen langen Zeitraum hinweg;
dank: aufgrund, wegen, durch, infolge;
witterungsbedingt: durch die Witterung verursacht;
kontinuierlich: stetig, unaufhörlich, ununterbrochen.

Überernährung

LB 12 B
S. 124/125

 LB
17

In diesem (dritten) Kurzvortrag wird die Konzentration des Hörers auf die Leitinformation gerichtet. Diese soll (und darin ist die Progression zu sehen) weder durch Wiedererkennen (Multiple choice) noch durch steuernde Fragen gefunden, sondern selbständig erkannt und formuliert werden. Ob als Formulierungsmöglichkeiten kurze Aussagesätze, Fragen oder nominale Wendungen angestrebt werden, ist in diesem Zusammenhang nicht wichtig. Ausgegangen werden sollte in jedem Fall vom *Satz*, bzw. von der Frage. Da für die nominale Wendung das prädikative *als* in vielen Fällen unentbehrlich ist, müßte es an dieser Stelle besonders eingeführt werden. Dies kann mit dem Hinweis geschehen, daß die mit *als* eingeleitete Sinngruppe eine Präposition enthält, die in einen anderen Satz eingebettet ist.

Zum Beispiel:
(1) Krankheit hat eine Ursache.
(2) Diese Ursache kann Unterernährung sein.
(3) Unterernährung als (mögliche) Ursache für / von Krankheit.

Auch bei den anderen Aufgaben zur Übung und Überprüfung des Hörverstehens soll der Hörer von logisch übergeordneten Aussagen ausgehen (diese werden vorgegeben; sie stehen nicht so klar im Text) und darunter Einzelbeispiele subsumieren und (vereinfacht) formulieren.

Für das Auffinden und Formulieren sowohl der Leitinformationen als auch der Sinneinheiten eines Abschnitts, die Gliederungssignale für Textteile enthalten, gilt: Neben Inhaltswörtern sind auch Ausdrücke relevant, die logische Strukturen, Operationen oder Intentionen des Autors anzeigen; z. B. Substantive wie: *Ursache, Grund, Folge, Folgerung, Gegensatz, Widerspruch, Vergleich, Unterscheidung, Unterschied, Zustimmung, Ablehnung, Erklärung, Definition, These, Beispiel*.

Wenn die Aufgaben zum Hörverstehen bearbeitet und korrigiert sind, müßte die Struktur des Gesamttextes, d. h. die texttragenden Informationen und deren logisch/intentionale Zuordnung klar geworden sein. Mit Hilfe von Redemitteln (die sehr früh in den aktiven Wortschatz aufgenommen werden sollten) kann nun eine Zusammenfassung erstellt werden. Wir geben hier den Anfang vor:

> Im ersten Abschnitt geht es um die Nahrungsaufnahme als Voraussetzung für menschliche Existenz. Thema des zweiten Abschnitts ist die Abhängigkeit der benötigten Nahrungsmenge von der körperlichen Anstrengung. Bei stärkerer körperlicher Beanspruchung nimmt auch der Nahrungsbedarf zu. Dies wird durch Beispiele erläutert: Gruppen mit hohem Nahrungsbedarf sind u. a. Fußballspieler, Müllwerker und Waren transportierende Helfer in einem Kaufhaus; Gruppen mit geringerem Nahrungsbedarf: Fans der Spieler, Beamte, Kassiererinnen.

Basiswissen und damit verbundene Speziallexeme bietet der kurze einleitende Lesetext.

93

Bertolt Brecht

Deutsche Kriegsfibel

(1) Weil sie schon gegessen haben.
(2) Ja, weil die Menschen im Krieg oft hungern.

Fröhlich vom Fleisch zu essen

(1) Im ersten Text wird gesagt, daß das Reden vom Essen bei den Hochgestellten als niedrig gilt. Im zweiten Text steht, daß das fröhliche Essen niedrig gescholten wird. Die Mißachtung des Essens und der Freude daran ist das gemeinsame Motiv.
(2) Die Zeilen 1–4.
(3) Die Beschreibung endet in Zeile 4 (bei „zu trinken"), die Reflexion beginnt in Zeile 5 (mit „aber ich meine").
(4) Ja. Positive Ausdrücke im ersten Teil: *fröhlich, saftig, duftend.* Negative Ausdrücke im zweiten Teil: *niedrig, unmenschlich, schlecht.*
(5) Natürlich genügt „ein Mundvoll guten Fleisches" nicht. Brecht meint aber (z. B. in *Flüchtlingsgespräche*), daß es doppelt unmenschlich ist, wenn man nicht einmal weiß, wie gutes Fleisch schmeckt.
(6) Nach den so lustvoll beschriebenen Freuden eines guten Mahles möchte man kaum glauben, daß der Autor ein schlechter Esser ist. Dennoch ist der Schlußsatz ernst zu nehmen, denn er betont, wie wichtig die „niedrigen materiellen Genüsse" selbst für einen schlechten Esser sind.

Hungern

(1) Der Text ist argumentativ.
(2) Wir meinen, daß die Antwort auf die zweite Frage „Ja" sein sollte.
(3) „Ein genauer Hörer" ist wohl ironisch gemeint, denn der Hörer hat nicht genau gehört, zumindest zitiert er falsch. Herr K. hat nämlich nicht gesagt, daß er hungere, sondern daß er überall hungern könne.
(4) Die Antwort ist schwer. Vielleicht will Herr K. dem „genauen Hörer" nicht direkt widersprechen oder ihn auf seinen Fehler aufmerksam machen und bedient sich deshalb dieser ungenauen Ausdrucksweise. Möglich ist aber auch, daß er sich im Augenblick, als er seinen Satz sprach, nicht völlig über dessen Bedeutung und Konsequenzen klar war.
(5) Vielleicht hat er ein schlechtes Gewissen, weil er nicht hungert, während andere hungern.
(6) Sicher wird hier indirekt zur Veränderung der bestehenden Verhältnisse aufgerufen. Einen solchen indirekten Appell enthält auch der Text *Fröhlich vom Fleisch zu essen*, denn es ist unmenschlich, kein gutes Essen zu kennen. Die Gesellschaft, das Vaterland wäre erst dann menschlich, wenn alle gut zu essen und zu trinken hätten. Da dies noch nicht so ist, muß die Gesellschaft verändert werden.

Wanda Krauth: Ökologischer Landbau und Welthunger

LB 12 E
S. 130

Aufgabe 4

Die drei Hauptthesen in logischer Reihenfolge:
(1) Auf der Erde werden genügend Nahrungsmittel produziert, um jeden Menschen ausreichend zu ernähren.
(2) Die Nahrungsmittel sind ungleich verteilt.
(3) Wir sollten mehr pflanzliches und weniger tierisches Protein verbrauchen.

Die Ursachen des Hungers in den Ländern der Dritten Welt

LB 12 F
S. 132

Aufgabe 2

Natürlich kann man das Schema auf verschiedene Weise beschreiben. Wir folgen hier den gegebenen Vorschlägen:
(1) Beginnend links in der Mitte und der Pfeilrichtung nach unten folgend:
Weltweit wird die Landwirtschaft industrialisiert. Landwirtschaftliche Entwicklungshilfe wird vor allem in Form der „Grünen Revolution" geleistet, dies bedeutet verstärkten Einsatz von Agrochemikalien und Maschinen. Da nur die Großgrundbesitzer die nötigen Mittel dazu besitzen, kaufen in erster Linie sie Agrochemikalien und Maschinen. Durch die Mechanisierung der Landwirtschaft werden Arbeitskräfte „freigesetzt" (entlassen), was zur Massenarbeitslosigkeit führt. Die arbeitslosen Landarbeiter fliehen in die Städte, wo sich Slums bilden. Da auch in den Städten nicht genug Arbeit für dieses Heer der Land- und Besitzlosen vorhanden ist, leiden diese Menschen Hunger.
(2) Die ersten beiden Sätze wie oben, dann nach rechts zum mittleren Teil:
Durch den verstärkten Einsatz von Agrochemikalien und Maschinen verschlechtert sich das ökologische Potential des Bodens, was wiederum den Einsatz von Pestiziden und Mineraldünger steigert. Dieser Teufelskreis führt zu Erosion und zur Wüstenbildung. Dadurch verstärkt sich die Nahrungsmittelknappheit, was erneut verstärkten Einsatz von Pestiziden und Mineraldünger zur Folge hat. Da Pestizide und Mineraldünger importiert werden müssen, müssen die Entwicklungsländer Exportgüter anbauen, um Devisen zu erhalten. Die Folge davon ist, daß mehr landwirtschaftliche Produkte in die Industrieländer exportiert werden müssen, wodurch sich die Nahrungsmittelknappheit in den Entwicklungsländern noch weiter verstärkt.

Intonationsübung (I)

AB 12 B
S. 154

AB
19

Die Nahrungsaufnahme ist eine Voraussetzung dafür, / daß wir am Leben bleiben / und unsere Leistungsfähigkeit erhalten. // ↘ Durch das Gefühl des Hungers oder des Durstes / meldet der Körper seinen Nahrungsbedarf an. // ↘ Die Höhe des Nahrungsbedarfs / ist abhängig von der täglichen körperlichen Anstrengung. // ↘ Je stärker die körperliche Anstrengung, / desto höher ist der Nahrungsbedarf. // ↘

So brauchen z. B. aktive Fußballspieler am Abend nach dem Spiel eine kräftigere Mahlzeit als ihre Fans, die ihnen im Stadion zusahen; // ↘ Müllwerker oder Kanalarbeiter müssen mehr essen / als Beamte, die am Schreibtisch arbeiten; // ↘ und Angestellte eines Kaufhauses, die Waren aus dem Lager herbeischaffen und in die Verkaufsstände einordnen, haben einen höheren Nahrungsbedarf als ihre Kolleginnen, die an der Kasse sitzen. // ↘

AB 12 **B**
S. 154

AB
20

Selektionsübung (S)

Die Folgen davon liegen auf der Hand: nicht nur bei Erwachsenen, sondern auch bei vielen jungen Menschen nehmen überflüssige Fettpolster zu. Dies bringt Probleme verschiedener Art: In jungen Jahren leiden dicke Menschen vielleicht „nur" darunter, daß sie wegen ihrer Figur von ihren schlanken Freunden und Freundinnen ausgelacht werden. In späteren Jahren kommen häufig ernste Folgen für die Gesundheit dazu. Jedenfalls haben Übergewichtige eine erheblich geringere Lebenserwartung als Menschen mit normalem Körpergewicht.

AB 12 **B**
S. 155

Wortbildung

Es empfiehlt sich, bei der Ausfüllung des Lückentextes zwei Farben verwenden zu lassen: eine zur Kennzeichnung der Suffixe, die zweite zur Kennzeichnung von Endungen. Sowohl für die Ausbildung einer adäquaten Intonation als auch für sinnvolle Abkürzungen beim Notieren von Inhalten gesprochener Sprache muß die Fertigkeit entwickelt werden, die Bauelemente von Wörtern möglichst rasch zu erkennen.

Aufgabe 2

mensch-*lich*, täg-*lich*, bedeut-*sam*, problemat-*isch*, unverzicht-*bar*, körper-*lich*, akt-*iv*, kräft-*ig*.

Zu den Regeln: Vgl. Mittelstufen-Grammatik, §§ 403 ff. Hier kann nur stichwortartig auf einige Besonderheiten aufmerksam gemacht werden:

-*lich*:   In den Beispielen des Lückentextes sind alle Adjektive von einem Substantiv abgeleitet; es handelt sich hier durchgängig um sogenannte Beziehungsadjektive. Wenn bei anderen von den Lernern gefundenen Beispielen keine -*lich*-Bildung nach dem Muster *verkäuf-lich* auftaucht, sollte der Lehrer selbst darauf zu sprechen kommen: Adjektive auf -*lich*, von Verben abgeleitet, haben oft Passiv-Bedeutung + „können".

-*sam*:   *bedeut-sam*: Obwohl von einem verbalen Stamm abgeleitet, hier adjektivisch zu interpretieren etwa wie *mühsam, gewaltsam*;
Im Gegensatz dazu z. B. *biegsam* = Passiv-Bedeutung + „können";
folgsam = Neigung zu einer Handlung.

-*isch*:   Ableitungsbasis meist substantivische Fremdwörter, Beziehungsadjektive.

-bar: oft von einem Verb abgeleitet: Passiv-Bedeutung + „können".
-iv: bei substantivischen Fremdwörtern; Beziehungsadjektive.
-ig: wie viele andere Analoga abgeleitet von Substantiven, „versehen mit Kraft". Daneben kann *-ig* auch einen Vergleich angeben (*seid-ig*).

Aufgabe 3

trinkbar; milchig; biologisch; entbehrlich; sparsam; unterschiedlich.

Korrelate

AB 12 B
S. 157

Eine weitere Übung dazu findet sich in AB 16, S. 196.
Die Regel ist richtig formuliert, wenn in die erste Lücke *Vokal* und in die zweite Lücke *Konsonant* eingesetzt wird.
(1) dafür, (2) davon, (3) dazu, (4) darunter, (5) daran, (6) darauf.

Karikatur

AB 12
S. 158

Der Lehrer sollte bei der Vorbereitung und Besprechung vor allem darauf achten, daß die einzelnen Bildelemente bei der Beschreibung in einer zuvor geplanten Reihenfolge dargestellt werden. Auf die Verbindungen zwischen Sätzen und Satzkomplexen muß besondere Sorgfalt verwendet werden.

Verben mit Präposition (3)

AB 12
S. 159

Wichtig ist (gerade im Hinblick auf die Präpositionen *an* und *auf*), daß man den Unterschied zu den sogenannten Wechselpräpositionen deutlich macht.

Abkürzungen (1)

AB 12
S. 160

Wenn die Lerner über ein gutes Wörterbuch verfügen, kann diese Aufgabe selbständig gelöst werden; andernfalls müßten zumindest (2) und (9) in der Klasse erklärt werden.

Ein Wort oder zwei Wörter?

AB 12
S. 160/161

Mit diesem Problem haben erfahrungsgemäß auch Lerner der Mittelstufe noch einige Schwierigkeiten; gemeint sind hier besonders diejenigen, die noch schreiben / sagen: * *Habe ich schon ein Jahr die Deutschesprache gelernt.* Hört man also in der Mitte eine Adjektivendung, dann handelt es sich um zwei Wörter (Ausnahme: *die Langeweile*).

Lektion 13

LB 13 A
S. 138

Ausbeutung und Schutz

Aufgabe 7

Mit wenigen Einschränkungen (z. B. akkusativisches *es*, Reflexivpronomen) ist das Vorfeld frei besetzbar. Die Bedeutungsakzente ändern sich jedoch mit den Stellungsalternativen.
Relativ häufig erscheinen temporale Angaben im Vorfeld – wie im abgedruckten Text auch.

LB 13 C
S. 141

Die Berufsschulzeit – wichtiges Viertel der Ausbildung

Aufgabe 6

1. Absatz: Vermittlung des theoretischen Rüstzeugs für den späteren Beruf durch die Berufsschulen; Unterricht in allen für den Theorie-Teil der Abschlußprüfung notwendigen Fächern; Berufsschulpflicht bis zum Ende der Ausbildung.
4. Absatz: Gesetzliche Pflicht zur Zahlung der Ausbildungsvergütung für die Unterrichtszeit; gesetzliche Pflicht zur Anrechnung der Unterrichtsstunden auf die Arbeitszeit; Verbot der Arbeit in der Ausbildungsstätte bei Berufsschulbeginn vor 9 Uhr; völlige Freistellung (der Auszubildenden) von der Arbeit an Berufsschultagen mit mindestens 5 Stunden Unterricht.

LB 13 D
S. 141/142

Franz Xaver Kroetz: Mensch Meier

Die unter Punkt 5 vorgeschlagene Reihenfolge, zuerst den Begriff „Volksstück" durch Interpretation der Wortbedeutung zu erklären, kann natürlich verändert werden: Man kann auch mit einer Erläuterung des Titels „Mensch Meier" beginnen. Dabei soll wohl der Name Meier darauf hinweisen, daß es in diesem Stück um die (tragische?) Existenz eines Angehörigen der proletarisch/kleinbürgerlichen Schicht geht. Das Epitheton „Mensch" legt verschiedene Vorstellungen nahe, die sich ergänzen können: „Mensch Meier", ein Ausruf der Umgangssprache, der Erstaunen mit Verwunderung ausdrückt, kann auf die Ereignisse des Stücks bezogen werden, die (obwohl „nur" die Tragödie des Kleinbürgers darstellend) sowohl Teilnahme evozieren als auch nach Veränderung schreien. Diese Veränderung ist als gesellschaftlich notwendige Forderung zu betrachten, denn „Meier" ist ein Mensch; er hat Anspruch auf ein menschenwürdiges Leben, einen Anspruch, der ihm nicht erfüllt wird. Im Verlaufe des Stücks führt diese Grundsituation auch zur Zerstörung der familiären Bindungen.

In **Aufgabe 5** wird auch nach der Sprache von Volksstücken gefragt. In der Vorlaufphase werden die Teilnehmer im allgemeinen nur auf Charakterisierungen wie „Umgangssprache", „dialektal gefärbte Äußerungen" kommen können. Genauere Aussagen über die Sprache sind erst möglich (und werden dann auch gefordert) *nach* dem Hören des Textes (**Aufgabe 6**), bzw. an Partien des gelesenen Textes (**Aufgaben 10 und 11**).

LB 18

Diese spezielle Sprache und Sprachführung des Dialogs ist Ursache dafür, daß die auditive Rezeption des Textes für diese Sprachstufe außerordentlich schwierig ist. Ein wichtiger Grund dafür ist vor allem in der Diktion Marthas zu suchen, ihrem ständigen Wechsel zwischen „normal" umgangssprachlich formulierten Sätzen und „hochdeutsch" gesprochenen Redewendungen, Floskeln, Sprichwörtern, Lebensweisheiten. Diese Sprachführung ist ihrerseits der adäquate Ausdruck für Marthas unbefriedigende Lebenssituation, für ihre grundsätzliche Unzufriedenheit mit der gesellschaftlichen Existenz ihres Mannes, für ihren Wunsch aufzusteigen, für die Projektion dieses Wunsches auf den Sohn. Dieser spricht und handelt „realistischer", er akzeptiert freilich damit auch die ihm durch die Gesellschaft gesetzten Grenzen.

Obwohl sich das Gespräch zwischen Mutter und Sohn über weite Partien hinweg im Kreis dreht und obwohl die Mutter in vielen ihrer Aussagen die Intentionen des Sohns verfehlt, darf man nicht verkennen, daß Marthas oft nichtssagende Floskeln eine totale Sprachlosigkeit verhindern und eine Fortsetzung der Kommunikation ermöglichen. Nur so wird das Ende des Stückes verständlich: daß Ludwig, der das Elternhaus verlassen hat und nun unter ärmlichen Umständen den Maurerberuf erlernt, den Kontakt zur Mutter sucht, die sich von ihrem Mann getrennt hat und ihrerseits in elender Einsamkeit lebt. (Der Vater-Sohn-Konflikt ist bereits in dieser Szene vorgezeichnet.)

Noch mehr als bei anderen fiktionalen Texten muß bei dieser Szene aus „Mensch Meier" auf intensives/detailliertes Hören verzichtet werden. Deshalb die sehr global formulierten Aufgaben, die nach Motiven, Vorstellungen, Wünschen der beiden Personen fragen, deshalb auch Gruppenarbeit bzw. Kurzreferate über Gruppenarbeitsergebnisse. Damit aber Kernaussagen nicht verlorengehen, sind in den **Aufgaben 9** und **10** einige Schlüsselsätze herausgegriffen, in denen sowohl Sprache als auch Intentionen der Dialogteilnehmer konzentriert aufscheinen.

Je nach Zeit und Interesse kann natürlich auch die Überschrift der 8. Szene („Wintermärchen") in die Interpretation einbezogen werden. Kroetz will wohl auch mit diesem Begriff verschiedenartige Assoziationen wecken, den Kontrast zwischen kitschigen Schneelandschaft-Postkarten und der miesen Familiensituation aufzeigen. Der Leser/Theaterbesucher soll aber mit Sicherheit auch an Heines im Januar 1844 verfaßtes Gedicht „Deutschland. Ein Wintermärchen" erinnert werden: allgemein an die darin kritisierten gesellschaftlichen Zustände, die der Reisende in Deutschland (vor allem in Preußen) antrifft, aber auch an die Strapazen dieser Winterreise, die alles andere als eine idyllische Schlittenfahrt ist (vgl. z. B. den Anfang des Kapitels 15: „Ein feiner Regen prickelt herab, / eiskalt, wie Nähnadelspitzen. / Die Pferde bewegen traurig den Schwanz, / Sie waten im Kot und schwitzen.).

AB 13 A
S. 164/165

Passivumschreibungen (1)

Der Inhalt dieser Übung sollte auch rückbezogen werden auf die umgangssprach-
lichen Wendungen im Text von W. Wagner (LB 3 D, S. 29 ff.). Zu *sein* + Inf$_{zu}$ vgl.
AB 11 C, S. 148.

AB 13 C
S. 165/166

Adjektive: attributiver und prädikativer Gebrauch (2)

Vgl. AB 7, S. 102. Lösung der Übung:
(2) ·/· ; (3) ·/· ; (4) ·/· ; (5) berufschulpflichtige Jugendliche; (6) ·/· ; (7) ·/· ; (8) ein
Internat ist angeschlossen; (9) die wenig bekannte Information; (10) ·/· .

AB 13 D
S. 166

LB
18

Intonationsübung (I)

Martha wechselt insbesondere dann in die Schriftsprache, wenn sie Sprichwörter
oder Redewendungen in ihr Gespräch einbezieht – die Sprache der höheren
sozialen Schicht soll gleichsam als intersubjektiv garantierte Bestätigung der Aussage stehen. Zum Problem „Intonation – Gestimmtheit des Sprechers" vgl. die
Bemerkung zu AB 9, S. 99/100.

AB 13
S. 167/168

Überschriften zu Kurztexten

Mögliche Lösungen:
(1) Die Sauberkeit der deutschen Städte / Die Sauberkeit der Deutschen / Saubere
    Städte / Saubere deutsche Städte;
(2) (Die) Ausstattung der Klassenzimmer;
(3) (Das) Benehmen der (deutschen) Schüler im Unterricht;
(4) Einhaltung der Immatrikulationsfrist / Wichtig: Immatrikulationsfrist einhal-
    ten!;
(5) (Lange) Arbeitszeiten;
(6) (Schlechte) Verpflegung.

AB 13
S. 168/169

Nominalkomposita (3)

Aufgabe 1

Es ist jeweils die Lösung (b) richtig.

Aufgabe 2

(1) das Sílber – die Fólie – die Sílberfolie;
(2) der Álkohol – der Gehált – der Álkoholgehalt (Alkohólgehalt);
(3) die Produktión – die Ménge – die Produktiónsmenge;
(4) der Expórt – die Chánce – die Expórtchance;
(5) die Qualität – der Stándard – der Qualitátsstandard;
(6) die Verdáuung – die Ánforderung – die Verdáuungsanforderung;
(7) der Mórgen – die Stúnde – die Mórgenstunde;

(8) die Konservíerung – das Míttel – das Konservíerungsmittel;
(9) die Fríschkost – die Marmeláde – die Fríschkostmarmelade;
(10) der Ábend – das Éssen – das Ábendessen;
(11) das Éinkommen – die Éntwicklung – die Éinkommensentwicklung.

Regeln

(a) Bei *Leben* ist *-en* eine Infinitivendung, bei *Nerven* eine Pluralendung. Wenn der erste Kompositionsteil ein Infinitiv ist, steht meistens ein Fugen-*s*.
(b) Wenn das erste Wort eines Kompositums das Suffix *-ion*, *-tät* oder *-ung* hat, dann steht ein Fugen-*s*.

Lektion 14

Arbeitsvermittlung für Studenten

LB 14 A
S. 147

Aufgabe 6

Besonders wichtig ist hier der Begriff der *Frist*, innerhalb derer etwas passieren muß, meist etwas Wichtiges; in diesem Zusammenhang könnte man noch den Begriff *Termin* erklären.

Jobs für Studenten

LB 14 B
S. 147/148

LB
19

Dieses Interview setzt die Reihe der nicht argumentativen dialogischen Texte fort. Der Hörer soll sich beim ersten Hören auf die Einzelthemen des Interviews, die in Form der Fragen auftreten, konzentrieren, beim zweiten Hören diesen Fragen die Antworten zuordnen. Die Progression besteht darin, daß der Text nicht mehr segmentiert wird. Dies bedeutet, daß der Hörer weder den Inhalt der Einzelfragen noch deren Reihenfolge speichern kann. Er ist angewiesen auf notierte Stichpunkte.
In **Aufgabe 9** rückt dann das Lernziel „Notieren" ins Zentrum. Der Lerner soll seine „Mitschrift" mit der vorgegebenen vergleichen, nach diesem Muster korrigieren und dann Regeln für ein Notieren entwickeln, das möglichst alle wichtigen Inhaltsmomente in Stichpunkten festhält. Werden die in **Aufgabe 9** vorgegebenen Notizen als Beispiele für „Regel"-findung ausgewertet, so könnte man etwa zu folgenden Ergebnissen kommen:
(1) Es müssen Kurzsätze gebildet werden; alle informationsschwachen Wörter eines Satzes (hier z. B. Fragewörter – nicht aber das Fragezeichen –, sowie informationsschwache (Hilfs-)Verben und Prädikate) können nicht mitnotiert werden. Daraus folgt: Mitschrift fordert eigentlich einen mehr nominalen Stil.
(2) Bei einer neuen Information muß unbedingt eine neue Zeile begonnen werden.

AB 14 A
S. 172

Aktiv oder Passiv? (1)

Manchmal können Passiv-Sätze ebenso gut im Aktiv stehen, aber eben nicht immer. Diese Aufgabe wird das Sprachgefühl mancher Lerner vielleicht noch etwas überfordern und sollte daher nicht als Hausaufgabe gegeben werden. Eine weitere Übung zur Aktiv/Passiv-Wahl: AB 18, S. 214.

AB 14 A
S. 173

Nominale Wendungen

Ergänzung der Nominalphrasen:

(1) Vermittlung (kurzfristiger Gelegenheitsarbeiten);
(2) (Verpflichtung zur) Ausführung verbindlich angenommener Arbeit;
(3) (Unübertragbarkeit) vermittelter Arbeit;
(4) Befreiung jedes ordentlichen Studenten (von Sozialversicherung nur in Grenzen);
(5) Ausstellung von (Immatrikulationsbescheinigungen) durch (die Hochschulkanzleien);
(6) (Pflicht des Arbeitgebers) zur Versicherung des Arbeitnehmers gegen Betriebsunfälle/zur Unfallversicherung des Arbeitnehmers.

AB 14 B
S. 174

Selektions-/Intonationsübung (S/I)

Aufgabe 2

Der Text (auch die einzelnen Redebeiträge) muß/müssen in sehr kleinen Einheiten präsentiert werden, damit Worte, die Sinngruppen verbinden, notiert werden können.

Selektionsübung (S)

Aufgabe 3

(Möglichkeiten), Jobs, Teppichklopfen, Umziehen, Dolmetschen, Nachhilfe geben, A', A'vermittlung (Jobs, A'vermittlung), A'angebote, A'kräfte, (Jobs), A'losigkeit, (A'kräfte), A'geber, (A'), (A'vermittlung), A'erlaubnis, (A'geber).

AB 14 B
S. 174/175

Speicherübung (Sp)

Aufgabe 4

Die Sätze 1–4 werden zunächst in Tongruppen vom Lehrer vorgetragen und vom Lerner wörtlich wiederholt; danach soll versucht werden, den ganzen Satz zu memorieren.

Adjektive mit Präposition (4)

AB 14 B
S. 175/176

Eine Übung, die wiederum die Wortstellung mitthematisiert. Die Umstellung klingt in den Sätzen 1, 4 und 7 nicht gut. Sätze mit der Präpositionalgruppe ganz am Anfang des Satzes sind richtig.

Lektion 15

Schlüsselrolle der Lohnpolitik

LB 15 A
S. 151/152

Obwohl dieses Schaubild in der ökonomischen Krisensituation des Jahres 1982 publiziert wurde, enthält es eine Argumentationskette der Arbeitgeberseite, die prinzipiellen Charakter hat. Insofern ist es als repräsentative Darstellung der unternehmerischen Position in jeder konjunkturellen Phase gültig. Der entscheidende Punkt freilich, daß nämlich die Überwindung der ökonomischen Krise auch *eo ipso* zu einer Verminderung der Arbeitslosigkeit führt, ist durch die seitherige Entwicklung in Frage gestellt, wenn nicht widerlegt. Trotz eines konjunkturellen Aufschwungs hat sich in der Bundesrepublik Deutschland die Zahl der Arbeitslosen nicht entscheidend verringert.

Obwohl das Schaubild das komplizierte Verhältnis zwischen Lohnpolitik und Arbeitsmarkt-Lage recht transparent darzustellen scheint, ist es vor allem für jene Ausländer schwer verständlich, denen das ökonomische System der Marktwirtschaft unbekannt ist. Oft kann nur ein oberflächliches Verständnis vorausgesetzt werden.

Was aber für Lerner auf jeden Fall sehr instruktiv sein wird, ist die auch optisch klar herausgearbeitete Gegenüberstellung von Indikativ (*Präteriti*) und dem Konjunktiv II (*Potentialis*), dessen inhaltliche Implikationen allerdings dann auch im Indikativ Präsens wiedergegeben werden (als ob diese Entwicklung geradezu notwendig eintreten müßte).

Die Fachausdrücke, deren Erklärung in Punkt 3 gefordert wird, können teilweise durch den Kontext erklärt werden. Einige von ihnen sind freilich klar definierte ökonomische Grundbegriffe. Hier sollte man zunächst Definitionsversuche der Lernergruppe sammeln, dann aber diese mit den Ausführungen eines Fachwörterbuchs vergleichen.

Produktivität: Verhältnis zwischen *output* (Ertrag) und *input* (mengenmäßiger Einsatz aller Produktionsfaktoren);

Rationalisierung: Durchführung von Maßnahmen zur Steigerung des wirtschaftlichen Ertrags (u. U. Einsparung menschlicher Arbeitskraft, wenn diese sehr teuer ist);

Investition: Verwendung von Gütern zur Produktion anderer Güter;

Inflationsausgleich: Die Verluste, die durch die Verminderung der Kaufkraft des

Geldes entstehen, sollen durch Lohnerhöhungen reduziert oder ganz aufgehoben werden.

Anmerkung: Der im Text genannte Präsident der Arbeitgeberverbände, Otto Esser, wurde 1986 abgelöst.

LB 15 B
S. 152-154

LB 20

Lohnkosten und Arbeitslosigkeit

Das (Hör-)Verstehen dieses „Fachgesprächs" ist nur dann möglich, wenn das in A dargestellte Schaubild ausführlich behandelt wurde.
Der in B vorgestellte dialogische argumentative Text ist die Basis für eine mehrfache Progression bei Rezeption und Speicherung der in Texten dieser Art enthaltenen Informationen, Thesen und Schlußketten.
Das Streitgespräch wird von einem „Moderator" geleitet, der durch klare Fragestellungen eine Art Ordnungsgerüst über diesen schwer verständlichen Text legt.
Die Hörer müssen darauf hingewiesen werden, daß eine neue Frage immer auch eine neue Chance bedeutet, den nun folgenden Gesprächsabschnitt zu verstehen, weil er entweder ein neues Teilthema hat oder aber die Gesprächsteilnehmer aufgefordert werden, bisher Abgehandeltes zu wiederholen und zu resümieren, u. U. auch zu präzisieren und zu konkretisieren.

Die Satzanfänge werden, etwas verkürzt und auf Wesentliches konzentriert, den Lernern vorgegeben. Dies dient zwei Zielen:
(1) Beim Hören sollen die Lerner Notizen mitlesen, d. h. gehörte Sinngruppen mit verkürzt geschriebenen Sinngruppen identifizieren.
(2) Sie sollen vorhandene Lücken ergänzen, d. h., gehörte Sinngruppen selbständig auf wichtige Worte reduzieren und diese auch notieren.

Dieses zweite Lernziel kann auch dann schon als erreicht gelten, wenn das Notieren nur teilweise gelingt, denn die Textbasis ist schwierig.

Für **Aufgabe 5** (eine möglichst genaue Rekonstruktion des Gesprächs) muß viel Zeit eingeplant werden.

Aufgabe 6

bejahen	verneinen	zustimmen	widersprechen
Ich halte den Vorschlag für sehr nützlich. *Sicher. Natürlich* sind sie das.		Löhne sind *selbstverständlich* Kosten...	Entschuldigung, Herr Kell, aber ich *halte ... für falsch.* Sie *machen es* sich ... *ein bißchen zu einfach. Einspruch* aus zwei Gründen.

Eine ertragreiche Zusatzaufgabe wäre das Herausfiltern der Begründungen bzw. Begründungsketten der beiden Kontrahenten samt den Redemitteln, die verwendet werden.

Gerhart Hauptmann: Die Weber

LB 15 D
S. 159/160

Der Kurztext in **Abschnitt 2** gibt eine Einführung in das Drama *Die Weber*. Er enthält ferner Hintergrund-Informationen für die Schlußszene des 1. Akts. Die Sätze über die Geschichte des kleinen Jungen müssen gründlich gelesen werden, damit der Anfang und Ausgangspunkt der großen Dreißiger-Rede verstanden werden kann.

Aufgabe 1 hat zunächst das Ziel, die Lerner zur selbständigen Arbeit mit dem Lexikon anzuregen. Nach vorbereitenden Übungen (vgl. LB 2 C; 11 B) soll er nicht nur in der Lage sein, einen Lexikonartikel mit Kurzsätzen und Abkürzungen zu verstehen, sondern darin enthaltene Informationen auch auszuwerten und zu reproduzieren. Im übrigen sollte man es den Interessen der jeweiligen Lernergruppe überlassen, ob dieser Punkt ausgeweitet wird.

Im Zentrum dieses Lektionsteils steht das Hörverstehen der großen Dreißiger-Rede am Schluß des 1. Akts. Da der Text lang und schwierig ist, wird die Rezeption durch Leitfragen (**Aufgabe 4**) gesteuert. Diese sollen die Konzentration des Hörers auf die wesentlichen Intentionen des Sprechers lenken und gleichzeitig, zumindest ansatzweise, eine kritische Distanz ermöglichen. Mit Absicht ist hier eine schriftliche Beantwortung der Leitfragen gefordert: Jeder Lerner muß zunächst für sich allein überprüfen, was er (hörverstehend) erfassen konnte. Erst danach sollte die Arbeit in der Gruppe einsetzen – sie kann den geschriebenen Text als Basis heranziehen.

LB 21

Um für die in **Aufgabe 6** geforderte Diskussion einen der historisch-ökonomischen Situation adäquaten Ausgangspunkt zu schaffen, werden zu Beginn noch einmal zwei Kerngedanken formuliert, die sich aus der Rezeption und Beurteilung der Dreißiger-Äußerungen ergeben. Das Streitgespräch Bäcker-Dreißiger ist in den Unterrichtserprobungen meistens sehr facettenreich verlaufen. Wenn man es auf Band aufnimmt, kann danach dieser von Kursteilnehmern produzierte Hörtext noch einmal analysiert werden – auf seine Struktur, die gebrauchten Redemittel und die Qualität der Argumentation hin.

H. Grebing: Die gesellschaftliche Situation des Arbeiters heute

LB 15 E
S. 165

Aufgabe 10

Wichtig ist dieser Hinweis: In der gesprochenen Sprache entwickelt sich die sprachliche Planung des Satzes oft gleichzeitig mit dem Sprechvorgang, d. h., es fällt einem am Satzende noch etwas ein, und dies wird dann „nachgetragen". In der geschriebenen Sprache dagegen geht der Planungsvorgang dem Schreibvorgang in der Regel voraus.

Karikatur

Herauszuarbeiten sind (1) die kontinuierliche Verkürzung der Arbeitszeit (auch durch die Verkleinerung der Buchstaben dargestellt); (2) die (dadurch bedingte) Abnahme der auf den Arbeiter drückenden Last. Auch in der gegenwärtigen Lage (40 Stunden) steht er immer noch nicht aufrecht. Fernziel ist die 35-Stunden-Woche.

Passivumschreibungen (2)

Hinzuweisen ist auf die Produktivität der Adjektive, die auf -*bar* enden.

Übung zur Texterschließung (2)

(1) ihn; (2) legt; (3) Sitz; (4) Tochter; (5) Vater; (6) Mädchen; (7) sieht; (8) kleiner; (9) Monat; (10) warten; (11) Frau; (12) ist; (13) trifft; (14) Abteil; (15) raucht; (16) steigt; (17) Zug; (18) Gesicht; (19) Fenster; (20) steht; (21) liegt; (22) heimfahren; (23) Kredit; (24) Brief; (25) Koffer.

Korrelate und Nebensätze

(1) In der Bundesrepublik entscheiden die privaten Unternehmen *darüber*, welche Güter wie, wann und für wen produziert werden.

(2) Die Wirtschaftstätigkeit der privaten Unternehmen richtet sich u. a. *danach*, welche Preise am Markt zu erzielen sind.

(3) In der DDR bestimmen staatliche und politische Instanzen *darüber*, was produziert wird.

(4) In der DDR beschränkt sich die Entscheidungsmacht der Betriebe *darauf*, die Pläne auszuführen und zu konkretisieren.

(5) Die beiden Wirtschaftssysteme unterscheiden sich außerdem *dadurch/darin*, wie die Arbeitsbedingungen geregelt sind.

(6) Der Arbeiter ist *darauf* angewiesen, daß seine Arbeitskraft benötigt wird.

(7) In der Mitte der 50er Jahre bestand das vorrangige Ziel *darin*, das extensive Wirtschaftswachstum zu sichern.

(8) Bald führten verschiedene Gründe *dazu*, daß das inländische Arbeitskräfteangebot nicht mehr ausreichte.

In folgenden Sätzen ist das Korrelat obligatorisch: 2, 4, 5, 6, 7, 8.

Feste Verbindungen (2)

Aufgabe 1

1g; 2b, f; 3c; 4e; 5b, f; 6d; 7a; 8f, h.

Aufgabe 3

(1) Der Student verfolgt hartnäckig sein Ziel, ...

(2) Für mich spielt es (k)eine Rolle, ...
(3) Du läufst ein großes Risiko, ...
(4) Ich vertrete die Meinung/Ansicht, ...
(5) Er hat bei der Volksbank einen Kredit aufgenommen, ...
(6) Das Studium in der Bundesrepublik stellt besonders an Ausländer hohe Anforderungen, ...
(7) Die Gemeinde hat der Firma GEWO den Auftrag erteilt, ...
(8) 007 hat die Aufgabe erfüllt, ...

Lektion 16

Gesundheit und Wetter

LB 16 C
S. 177-179

In Teil B dieser Lektion wurden Grundbegriffe der meteorologischen Terminologie vermittelt. Das dort in Aufgabe 7 aufgegriffene besondere Problem (Beziehung zwischen menschlichem Befinden bzw. menschlichen Verhaltensweisen und Wetter) wird hier in **Aufgabe 2** fortgesetzt. Es ist auch Thema des ersten Abschnitts des Kurzvortrags.

In der Vorlaufphase wird der Begriff „Inversion" zum Anlaß dafür genommen, die Lerner auf ein besonderes Phänomen fachsprachlicher Terminologie hinzuweisen: ein bestimmter (meist aus dem Lateinischen oder Griechischen stammender) Ausdruck mit einer relativ allgemeinen Grundbedeutung (*inversio*: Umkehrung) wird in verschiedenen fachsprachlichen Kontexten jeweils für eine entsprechende Sachlage definiert:

Genetik: Chromosomenmutation, bei der ein Abschnitt in umgekehrter Reihenfolge enthalten ist;
Chemie: Umkehrung des Drehsinns infolge einer Reaktion;
Mathematik: Spiegelung am Kreis;
Geologie: Umwandlung von Senkungs- in Hebungsgebiete;
Kristallographie: Spiegelung an einem Punkt;
Medizin: spiegelbildlich gegengleiche Lage von Organen/Organteilen; Umkehrung des Geschlechtstriebs (Homosexualität);
Musik: Umkehrung der Notenfolge der Intervalle;
Grammatik: Umkehrung der gewöhnlichen Folge Subjekt-Prädikat;
Optik/Psychologie: Umkehrung von Vorder- und Hintergrund bei der Wahrnehmung von Bildern.

Aufgabe 4

Definition des Begriffs „Reiz": eine äußere oder innere Bedingung, die über Rezeptoren (Sinnesorgane) auf einen Organismus einwirken kann.

Aufgabe 5

LB
23

Die Aufgabe, die Leitinformation (Kerngedanke, in der Überschrift konzentriert) zu formulieren, stellt die Lernenden vor ein Problem, das nicht leicht zu lösen ist.

Bei der Diskussion der Lernervorschläge werden erfahrungsgemäß inhaltlich und sprachlich sehr verschiedene Formulierungen präsentiert. Dies sollte zum Anlaß genommen werden, die grundsätzlichen Schwierigkeiten der Konzentration eines Abschnitts in eine Leitinformation zu überdenken. Sie liegen auf zwei Ebenen:
– Was ist die Leitinformation?
– Wie soll sie (dies ist für Fremdsprachler noch einmal ein Problem) sprachlich ausgedrückt werden?

Bei Texten, die hörend verstanden werden sollen, ist die Leitinformation in vielen Fällen formuliert – und dies wird durch entsprechende Redemittel noch herausgehoben. In vielen Fällen aber, und dies ist auch bei diesem Kurzvortrag der Fall, ist die Leitinformation in einem Satz enthalten bzw. muß aus dem ersten und zweiten Satz zusammengesetzt werden. Neben dem ersten Satz eines Abschnitts ist sehr häufig der zweite Satz relevant (der erste enthält oft noch eine Verbindung zum vorhergehenden Abschnitt). Bisweilen enthält aber auch der letzte Satz eines Abschnitts – in Form einer griffigen, zusammenfassenden Formulierung – den Hinweis auf eine Sinngruppe, die die Sätze des Abschnitts auf einen Nenner bringt.

Es liegt auf der Hand, daß alle diese Hinweise an Lesetexten ohne Schwierigkeiten zum Erfolg führen können, bei Hörtexten dagegen weder Abschnitts- noch Satzende leicht „hörbar" sind. Daraus folgt, daß der Lernende in besonderen Übungen (Komponentenübungen) dazu geführt werden muß
(1) das Ende von größeren Sinngruppen/Sätzen zu „hören" (z. B. terminaler Schluß),
(2) das Ende von Abschnitten zu „hören" (meist terminaler Schluß/etwas längere Pause),
(3) beim Vortrag eines Abschnitts darauf zu achten, welcher Satz (und welche Haupt- und Nebenakzent tragenden Wörter) besonders hervorgehoben werden (z. B. durch langsameres, intensiveres Sprechen).
Weil an dieser Stelle der Progression der Lerner noch nicht beide Aufgaben bewältigen kann, werden ihm die Abschnittslängen vorgegeben (der Sprecher sagt an: „Abschnitt 1"/„Abschnitt 2" usw.).

Wenn die Leitinformation nicht vorgegeben ist (z. B. „im folgenden wollen wir über die Beziehungen zwischen Mensch und Wetter sprechen"), dann muß sie vom Lerner formuliert werden. Ein Muttersprachler ist sich oft nicht bewußt, welche Schwierigkeiten die Konzentration der Kerninformation in einen kurzen Satz und die Umformung dieses Satzes in eine nominale Wendung bereiten. Selbst wenn die Leitinformation verstanden wurde und in einem Satz formuliert werden kann, können bei der Transformation in eine nominale Wendung immer noch sinnentstellende Formulierungen entstehen. Deshalb die Empfehlung, vom Lerner zunächst die Leitinformation in Form von notierbaren Stichworten zu fordern, dann erst – soweit das auf dieser Stufe möglich ist – eine prägnante nominale Wendung.

Dafür müssen einige Grundregeln vorgegeben werden:
(1) Prädikat → Nomen im Nominativ;
(2) Subjekt → Genitivattribut;

(3) Sätze, die ein Akkusativobjekt enthalten, müssen ins Passiv transformiert werden;

(4) Präpositionalphrasen bleiben im allgemeinen unverändert und stehen nach dem Substantiv/Genitivattribut.

Vorgeschlagene Lösungen für diesen Text:

1. Abschnitt: letzter Satz – enge Beziehungen zwischen Mensch und Wetter, auch in der Sprache;
2. Abschnitt: zweiter Satz – Wetter/Wetterveränderungen machen im allgemeinen nicht krank;
3. Abschnitt: erster Satz/zweiter Satz – Ausnahme: Grippeepidemie in St. Petersburg;
4. Abschnitt: zweiter Satz – Anpassungsfähigkeit den Bewohnern der Industriestaaten teilweise verlorengegangen;
5. Abschnitt: erster Satz/zweiter Satz – Aufgaben der Medizinmeteorologie.

Aufgabe 7

Nachdem sich die Konzentration der Kursteilnehmer zunächst auf die den Abschnitt zusammenfassende Sinneinheit gerichtet hat, ist hier zum ersten Mal eine Mitschrift vorgegeben. Obwohl die Anzahl der gesprochenen Wörter auf weniger als die Hälfte reduziert ist, ermöglicht sie durchaus die Rekonstruktion der wichtigen Inhaltsmomente. Eine solche Mitschrift ist dann notwendig, wenn eine detaillierte Wiedergabe eines Textes oder eines Textabschnitts angestrebt werden soll bzw. muß.

Mit Absicht wurden auf dieser Anfangsstufe die Reduktionen noch gering gehalten und auch die texttragenden Wörter mit Ausnahme des Konjunktors (^) nicht abgekürzt. Im wesentlichen sind die text- und satzgrammatischen Redundanzen ausgelassen: informationsschwache Verben/entbehrliche Satzverbindungen/Artikel/Wortwiederholungen (wie im abgedruckten Lexikonartikel mit den Anfangsbuchstaben abgekürzt: *L.* für *Luft, I.* für *Inversion*).

Die nominale Wendung „heutige Annahme" für „heute nimmt man an" ist mit Absicht so in die Mitschrift aufgenommen. Dem Lerner soll bewußt gemacht werden, daß beim Notieren nominale Wendungen kürzer und konzentrierter sind; dem Lehrer muß freilich bewußt bleiben, daß diese für einen Muttersprachler fast automatisch erfolgende Transformationen für Fremdsprachler schwierig sind und *im* Akt des Hörens kaum vollzogen werden können, ohne daß der Hörprozeß gestört wird. Durch häufiges Üben kann wohl diese Fertigkeit wenigstens in Ansätzen ausgebildet werden.

Wenn darüber diskutiert wird, welche Wörter (für eine Rekonstruktion des Textes in seinen wichtigen Inhaltsmomenten und der vorgegebenen Reihenfolge) notiert, welche ausgeklammert werden sollen, dann hilft bisweilen der Hinweis auf ein Telegramm, bei dem jedes Wort etwas kostet. Ein großer Teil der „überflüssigen" Wörter sind sogenannte grammatische Redundanzen, d. h. sie dienen wie Artikel oder informationsschwache Verben nur der grammatischen Richtigkeit und Vollständigkeit der Sätze. Auf der anderen Seite muß jedes Wort, das die Einzelinformation wesentlich mitkonstituiert, notiert werden – bei informationsgedrängten

Texten oft eine unlösbare Schwierigkeit, da das Sprechtempo erheblich höher ist als das Schreibtempo.

Aufgabe 8

Die Mitschrift hat die Aufgabe, die Rekonstruktion von gehörten Textinhalten zu ermöglichen. Sie ist eine Möglichkeit der Speicherung. Sie kann den gehörten Text kursorisch, selektiv oder intensiv/detailliert speichern.
Abkürzungen müssen eindeutig sein. Die im Anfangsstadium von Mitschriftübungen unter Fremdsprachlern verbreitete Gewohnheit, den Anfang von möglichst vielen Wörtern zu notieren (oft nur Vorsilben!), ist auf jeden Fall eine Sackgasse.

<table>
<tr><td>AB 16 C
S. 190</td></tr>
</table>

Vergleich zweier Schaubilder

Stichworte für den oberen Teil des Schaubilds:
Ansammlung von Fabriken mit starker Rauch- und Abgasentwicklung; Lage in einem Talkessel; (um das Diagramm zu lesen, dreht man die Abbildung um 90°:) x-Achse: Darstellung der Höhe; y-Achse: mit der Höhe abnehmende Temperatur; Rauch und Abgase steigen nach oben.

Vergleich mit dem unteren Teil:
y-Achse: Knick der Temperaturlinie; die Temperaturlinie nimmt in einer gewissen Höhe zu, dann wieder ab. Diese warme Luftschicht (Inversionsschicht) schließt das Tal nach oben ab, Rauch und Abgase werden nach unten gedrückt.

<table>
<tr><td>AB 16 C
S. 191/192</td></tr>
</table>

Selektionsübung (I/S)

Die satzverbindenden Wörter/Wortgruppen haben alle adversativen Charakter: Beginn Satz 2: *dabei* (+ *aber*); Satz 3: *im Gegenteil*; Satz 4: *aber*.

(2)	WI	diese Anpassungsfähigkeit	NI	vielen in Industriestaaten Lebenden verlorengegangen
(3)	WI	Dieser Verlust	NI	Ursache in Reizumkehrung
(4)	WI	Reizumkehrung	NI	Reize für Gesundheit notwendig, gehen verloren, dagegen Reizüberflutung

<table>
<tr><td>AB 16 C
S. 193/194</td></tr>
</table>

Wortbildung

Wort	**in-** (1)o.(2)	Bedeutung	Beispiele für verwandte Wörter
im**mob**il	(2)	nicht beweglich	Immobilität, mobilisieren, Immobilien

110

Wort	in- (1)o.(2)	Bedeutung	Beispiele für verwandte Wörter
In**ver**sion	(1)	Umkehrung	(andere Derivate:) adversativ, Aversion
irre**par**abel	(2)	nicht zu reparieren	Irreparabilität, Reparatur, reparieren, Reparation
Il**leg**alität	(2)	Fehlen von Legalität	illegal, legalisieren, lex
In**vas**ion	(1)	Eindringen	Invasor, invasiv
im**mun**	(2)	unempfindlich, geschützt	Immunität, immunisieren
il**lustr**ieren	(1)	veranschaulichen	Illustration, illustrativ
Il**liber**alität	(2)	Fehlen von Freiheit	liberalisieren, liberal
In**ser**at	(1)	Anzeige	inserieren, Inserent
In**dik**ator	(1)	„Anzeiger"	indizieren, Indikation
in**hal**ieren	(1)	einatmen	Inhalation, Inhalationsgerät
In**sek**t	(1)	(das Eingeschnittene), „Kerbtier"	(Nominalkomposita, z. B.: Insektenstich)
In**teg**ration	(1)	Eingliederung	integrieren

Partizip I und II

AB 16 S. 195

Falsch sind die Sätze 2, 4, 7, 10.
Das Partizip als substantiviertes Adjektiv in Satz 12. Als Partizipialattribut in den Sätzen 6 und 8.
sein + Partizip I ist normalerweise falsch (Ausnahmen in der Grammatik, § 45).
Zu erklären ist u. a. der Unterschied zwischen Satz 7 (falsch) und Satz 9 (richtig).
Hier ist ein Blick in die Grammatik hilfreich.

Verben mit Präposition (6)

AB 16 S. 196

Aufgabe 1: 1e; 2h; 3j, m; 4a; 5k; 6b; 7l; 8d; 9f; 10g; 11c; 12i.

Aufgabe 2: Das gesuchte Verb ist *leiden*. Hier wäre der Unterschied zwischen *leiden unter* und *leiden an* zu erklären.

Lektion 17

LB 17 A
S. 180-182

LB
24

Die Entwicklung eines Medikaments

Aufgabe 1

Die Angaben sollten mehrmals gelesen werden: Dem Lerner muß vor dem Hören des Textes klar sein, daß der Ausgangsstoff für ASS (Acetylsalizylsäure) SS (Salizylsäure) ist und daß ASS eine chemische Verbindung ist, die erst im Labor hergestellt wird.

Trotzdem wird das kursorische Hören, das die Formulierung der Leitinformationen ermöglichen soll, noch vielen Lernern Schwierigkeiten bereiten. Der Grund liegt wohl auch darin, daß das Verstehen dieses Textes Einblicke in die Entwicklung der modernen Naturwissenschaft voraussetzt: Am Anfang stehen mehr oder minder zufällige Beobachtungen und Erprobungen, die aber nur von Menschen gemacht werden können, die auf diese spezielle Thematik konzentriert sind (hier Stone auf Heilmittel). Dann kommt, als völlig neuer Schritt, das Experiment im Labor: SS (Salizylsäure) wird als der eigentliche Heilstoff identifiziert. Dies bedeutet, daß man nun auch nach anderen Ausgangsstoffen als dem Weidenrindenextrakt suchen, bzw. daß man dessen Nachteile durch eine neue chemische Verbindung (die nur in mühsamen Experimenten gefunden wird) reduzieren kann.

Die in **Aufgabe 4** vorgelegte Mitschrift greift auf Ergebnisse zurück, wie sie bei der Diskussion in Lektion 16 D gewonnen wurden. Neu zu erarbeiten wären drei wichtige Regeln:
(1) Wenn Wörter abgekürzt werden müssen, so ist dies am ehesten bei Suffixen und Endmorphemen möglich.
(2) Bei jeder neuen Information sollte eine neue Zeile begonnen werden.
(3) Dies hat auch den Vorteil, daß zusammengehörende Wörter untereinander geschrieben werden und dadurch bereits durch das Schriftbild aufeinander bezogen sind.

Aufgabe 6

Die Intention des Textes ist informatorisch-werbend. Vor allem die ersten beiden Kapitel mit berühmten Namen und Produktionsangaben sind geeignet, Vertrauen in das Schmerzmittel Aspirin zu wecken; das letzte Kapitel enthält keinen klaren Hinweis darauf, daß auch die Verbindung ASS (z. B. Aspirin) bei Magenkranken zu ernsthaften Schädigungen führen kann.

Aufgabe 9

Seit der siebenbändigen Anatomie von Andreas Vesalius (*De humani corporis fabrica*, 1542) ist die Sprache der Anatomie lateinisch geblieben; die zahlreichen Entdeckungen der Neuzeit wurden in den meisten Fällen mit künstlichen Wortschöpfungen bezeichnet, deren Elemente aus der griechischen und lateinischen Sprache stammen.

Orientierung über ein Buch

LB 17 B
S. 187

Aufgabe 6

Bei der Transformation der Nominalisierung müssen die Lerner sich zwischen Aktiv/Passiv sowie den verschiedenen Tempora entscheiden und außerdem das ihnen schon bekannte Problem lösen, ob der Genitiv Subjekt oder Objekt der Handlung ist. Man sollte erklären, daß Nominalisierungen komprimierte Strukturen sind, die mehr Bedeutung enthalten, als in ihnen ausgedrückt ist.

Verhältnis Arzt – Patient

LB 17 C
S. 189

Aufgabe 4

Die Lösung dieser Aufgabe ist nicht leicht. Die Lerner sollten über die Antworten diskutieren und ihre Meinung durch Zitate belegen. Der Lehrer sollte vor der Übung darauf hinweisen, daß die Kategorien nicht immer auf die beiden Texte zutreffen müssen.

Perspektive des Autors		Text	
		1	2
Standort	nah am Gegenstand		×
	stärker vom Gegenstand entfernt	×	
Blickwinkel	eng (sieht wenig, nur Einzelheiten)		×?
	weit (sieht viel, Zusammenhänge)	×	
Einstellung	kritisch – unterscheidend		×
	unkritisch	×?	
	spricht über sich selbst		×
	spricht über Gegenstände, die nicht direkt mit seiner Person zusammenhängen	×	
	beweglich (sieht Gegenstand von mehreren Seiten)	×	×
	unbeweglich (sieht Gegenstand einseitig)		

Selektionsübung (S)

Abschnitt 1 (Subjekte)

Thomas Mann, er, Henry Miller, er, Beispiele, Arzneimittel, Substanz, ASS.

Abschnitt 2 (Zahlenangaben)

40 000 t jährliche (pro Jahr) Weltproduktion = 1 g/3 Tabletten pro Kopf; Verbrauch in Industrieländern 30mal so hoch wie sonstiger Durchschnitt = 30 g/100 Tabletten.

Abschnitt 3 (Präpositionalphrasen)

 (1) in einer englischen Wiesenlandschaft;
 (2) nördlich von Oxford;
 (3) an einem Sommertag des Jahres 1758;
 (4) von einem Weidenbaum;
 (5) an den Geschmack des Extrakts;
 (6) aus Chinarinde;
 (7) gegen Fieber;
 (8) aus Südamerika;
 (9) an etwa 50 fiebernden Kranken;
(10) in seiner Gemeinde.

adverbiale Bestimmung	Präpositionalobjekt	Rechtsattribut
1	5	2
3	9	4 (?)
4		6
8		7
		10

Abschnitt 4/Abschnitt 5 (Teile)

dieser; dazu; das Medikament; dazu; er; daß; und; dieser Stoff; der; diese Salizylsäure; auch; dies; freilich; es; Salizylsäure.
Er; Er; diese; sie; freilich.

Selektionsübung (S)

Ein Sprecherwechsel kommt 9 × in Teil 1, 5 × in Teil 2 vor.
In Teil 1 haben Gamm (1. Redebeitrag), Steinert (2. Redebeitrag) und der Moderator zweimal das Wort. In Teil 2 spricht nur der Moderator zweimal.

Teil 3: Wie; ich; ich; das wichtigste; ich.
(Der Moderator beginnt mit einem Fragewort; da die individuellen Vorstellungen angesprochen sind, beginnen die meisten Beiträge mit *ich*.)

Intonationsübung (I)

AB17**D** S. 202

Der Patient soll mitkriegen, daß der Arzt betroffen ist? Der Patient soll mitkriegen, daß der Arzt betroffen ist. (Deutlichere Akzentuierung der Frage durch Spitzenstellung des Verbs: *Soll der Patient mitkriegen, ... ?*)

Substantive mit Präposition (3)

AB17**D** S. 204/205

(1) Angebot	an (+ Dat.)	– Das Angebot an kulturellen Veranstaltungen ist in Berlin riesig.
	über (+ Akk.) für	– Ihr Angebot über/für die Lieferung von Damenhandtaschen ist bei uns eingegangen.
	von	– Er nahm das Gehaltsangebot von DM 10 000,– gerne an.
(2) Ausnahme von		
(3) Antwort auf (+ Akk.)		
(4) Beziehung mit zu		– Er hat keine Beziehung mit/zu diesem Land.
	zwischen (+ Dat.)	– Zwischen den Ereignissen besteht keine Beziehung.
(5) Bezug zu		– Dieser Film vermeidet Bezüge zur Gegenwart.
	auf (+ Akk.)	– Mit Bezug auf unser Schreiben vom 20. 9. 86 teilen wir Ihnen mit, daß ...
	von	– Der Bezug von Waren aus dem Ausland unterliegt den Zollbestimmungen.
(6) Entscheidung für gegen		– Die Entscheidung für den Kauf und gegen die Anmietung des Objekts ist gefallen.
	über (+ Akk.)	– Die Entscheidung über die Zukunft der Firma steht noch aus.
(7) (s. AB S. 205)		
(8) Reaktion zwischen (+ Dat.)		– Bei der Reaktion zwischen den beiden chemischen Verbindungen entstand ein neuer Stoff.
	auf (+ Akk.)	– Seine Reaktion auf meine Anfrage war negativ.
(9) eine Reihe von Zuwachs an (+ Dat.)		– Der Zuwachs an Vermögen war gering.
	von	– In diesem Jahr müssen sich die Rentner mit einem Zuwachs von 1,5% begnügen.

(10) Ursache für

    Umgang mit   – Er hat/pflegt keinen Umgang mit sol-
                                chen Menschen.

          für   – Das ist kein Umgang für dich.

    Kontakt zu   – Er hat den Kontakt zu seinen Freun-
                                den verloren.

          mit   – Ich bekomme keinen Kontakt mit ihr.

    zwischen (+ Dat.)   – Wir schließen jetzt den Kontakt zwi-
                                schen den zwei Stromkreisen.

Lektion 18

LB 18 A
S. 196-198

Der heilige Hieronymus im Gehäuse

Die einzelnen Punkte des Lektionsteils 18 A enthalten eine Fülle von Einzelangaben zum Thema des Bildes und der Bildbeschreibung. Ferner bietet das Arbeitsbuch einen Vorschlag für eine ausgeführte Bildbeschreibung an.

Wie bereits öfter betont wurde, halten wir es bei jeder produktiven schriftlichen
Aufgabe für unerläßlich, die Gesamtgliederung und deren Ausführung in Stichpunkten *vor* der eigentlichen Konzeption des Textes zu fixieren. Dies gilt um so
mehr für ein Bild, das ästhetischen Ansprüchen genügt. In **Aufgabe 3** wird eine
äußerliche, aber gerade für Kunstwerke dieser Zeit oft angewandte Gliederung
vorgeschlagen: die Einteilung der Beschreibung in Vordergrund, Mittelgrund und
Hintergrund. Es wäre z.B. auch möglich (freilich schwieriger), vom Zentrum
auszugehen und von hier aus die Bezüge zu den peripheren Bildgegenständen
aufzubauen.

Wenn genügend Zeit zur Verfügung steht und auch Interesse vorhanden ist, sollte
man die **Aufgaben 4**, **5** und **6** genau behandeln. Ein mögliches Ziel dabei wäre ein
diachroner bzw. interkultureller Vergleich von bildlichen Darstellungen dreidi-
mensionaler Gegenstände. Dabei sollte herausgearbeitet werden, daß die geome-
trisch-perspektivische Darstellung *eine* Möglichkeit ist, aber nicht die einzige und
auch nicht die höherwertige. In Europa hat es vor der Renaissance und in der
modernen Malerei (vgl. Cézanne) andere Regeln für die Darstellung von Räumen
und räumlichen Gegenständen gegeben, genauso besitzen die außereuropäischen
Kulturen hier eine Fülle von Variationen.

Was den Kupferstich *Hieronymus im Gehäuse* angeht, so ist, nach Aussagen von
Experten, die perspektivische Darstellung nicht voll gelungen. Wenn Hieronymus
aufstünde, würde er mit dem Kopf an die Decke stoßen. Trotzdem sind die
Einzelelemente, durch die Raumtiefe erzeugt werden soll, klar zu erkennen: Die
vorderen, dem Standpunkt des Betrachters näher liegenden Gegenstände sind
größer als die hinteren dargestellt; die Linien, die die Dimension von Länge und

Breite bezeichnen, verlaufen parallel zur Bildachse, die Linien, die in die Raumtiefe gehen, in einem Winkel dazu. Alle diese Linien treffen sich in einem Punkt, dem sogenannten Fluchtpunkt (Schlüsselloch der Kommode hinten rechts), der in Augenhöhe des am Eingang des Zimmers stehenden Betrachters liegt.

Westliche Kultur und Dritte Welt – zum Zweifel an Modernität und Wissenschaft

LB 18 **B**
S. 198-200

Aufgabe 1

Dieser Punkt sollte so ausführlich wie möglich behandelt werden, unter Umständen in einem Gespräch, das von mehreren Mitgliedern der Lernergruppe geführt wird. Die sehr ausführliche Überschrift enthält *in nuce* die Intention des Textes. Dies bedeutet, daß Textaussagen durch Interpretation antizipiert werden können, vor allem dann, wenn der Name Gandhi mit einbezogen wird bzw. wenn die Lerner selbständig überlegen, was die Grundtheorien und Intentionen des Buddhismus mit den in der Überschrift enthaltenen Aussagen zu tun haben.

Aufgabe 4

Während gesprochene Texte, die schwieriger zu rezipieren sind, in den bisherigen Lektionen eher „künstlich" (d. h. durch Leitfragen) für die hörende Aufnahme vorbereitet wurden, sollen in den Lektionsteilen 18 B, 19 B und 21 D des Lehrbuchs Möglichkeiten vorgestellt werden, die auch außerhalb des Fremdsprachenunterrichts Hörverstehen steuern bzw. unterstützen. Dabei ist das in 18 B benutzte Handout (hier noch für die einzelnen Abschnitte des Vortrags) ein gebräuchliches Mittel, nicht nur (über die Überschrift hinaus) genauer über die Intention des gesprochenen Textes zu informieren, sondern auch den Hörprozeß selbst vorzubereiten und auf Textteile zu konzentrieren, die der Verfasser als wichtig angibt.

Aufgabe 5

Die hier vorgeschlagene Reihenfolge (Lesen des Handouts; Hören; gehörte Informationen mit den geschriebenen identifizieren; zusätzlich verstandene Einzelheiten notieren) sollte eingehalten werden. Auch sie entspricht einer verbreiteten Praxis im Umgang mit gesprochenen Texten. Basis für die Rekonstruktion sind dann die Angaben des Handouts und eigene Notizen.

Aufgabe 6

Sie fordert noch einmal das Identifizieren von einem gehörten Text mit aufgeschriebenen Stichworten (mit dem Ziel, eine genauere Wiedergabe zu ermöglichen). Die Lerner sollten vor allem darauf hingewiesen werden, wie durch den Beginn einer neuen Zeile, durch Bildung von Kolonnen, durch Untereinanderschreiben zusammengehöriger Begriffe Textbezüge und Textinformationen *ohne* zeitraubendes Notieren von Wörtern dargestellt werden können. Wie schon erwähnt, gehört die Herstellung eines Textes aus Stichworten zu den Grundübungen der Mittelstufe.

Aufgabe 8

Wie ausführlich diese Aufgabe behandelt wird und welche Ergebnisse erreicht werden, hängt sehr von den Interessen, von den Herkunftsländern, aber auch von der politischen Einstellung der Gruppen ab. Der Lehrer kann, wenn in der jeweiligen Gruppe ein zu einseitiger Konsens herrscht, eventuell die Rolle des Advocatus Diaboli spielen (unter Umständen hier auch diesen Begriff und seine Funktion einführen).

LB 18 C
S. 201-204

Dumme oder boshafte Kuh?

Im Text *Dumme oder boshafte Kuh?* heißt es im ersten Absatz (S. 202): „Die ‚Maledictologie' steht noch nicht im Meyer, und auch im Brockhaus nicht." Dies ist eine Anspielung auf das Gedicht „Das Nasobēm" aus den *Galgenliedern* von Christian Morgenstern (1871–1914); dort heißt es in der zweiten Strophe: „Es steht noch nicht im Meyer / Und auch im Brockhaus nicht. / Es trat aus meiner Leyer / zum ersten Mal ans Licht."

Aufgabe 6

Wichtig ist hier der Hinweis, daß Sätze nicht immer vollständig sein müssen; zu erklären ist die Rolle der Redundanz und des Kontextes für die Möglichkeit, Satzglieder wegzulassen.

Aufgabe 7

Folgendes sollte erläutert werden: Beim wörtlichen Zitat wird kein Wort verändert (besonders wichtig für wissenschaftliches Zitieren); bei der indirekten Rede ist sinngemäße Wiedergabe üblich (vgl. AB 2, S. 28).

AB 18 B
S. 210/211

AB
28

Selektionsübungen (S)

Abschnitt 1 (Ausdrücke der Distanzierung):
galt als sicher; müsse (Konj.); sei, meinte man; würden; so dachte man.
Abschnitt 3,2 (Ausdrücke der Distanzierung):
sie argumentieren; seien; (eine der buddhistischen Grundüberzeugungen;) dürfe; meinen die Buddhisten.
In 1 dürfte die Distanzierung stärker zum Ausdruck kommen als in 3,2.

AB
29

Abschnitt 2 (Negation und negative Ausdrücke):
nicht mehr; nicht nur – sondern auch(!); zweifelhaft; kein Vorbild; nicht akzeptabel; fernhalten; Ablehnung.
Auf die Doppelkonjunktion *nicht nur – sondern auch* (keine Negation des Ausdrucks oder Satzes durch *nicht*!) müssen die Lerner immer wieder hingewiesen werden.

Schimpf- und Kosewörter

AB 18 C
S. 212/213

Aufgabe 1

(a) *Geier* – die anderen Tiere bezeichnen dumme Menschen; mit *Geier* sind gierige Menschen gemeint.

(b) *Fliege* – die anderen Tiernamen bezeichnen schmutzige Menschen; *Fliege* ist eigentlich kein Schimpfwort, man sagt „matt oder schwach wie eine Fliege".

(c) *Gänschen* – dieses Wort ist als Kosewort nicht üblich. Ohne Diminutiv-Endung und in Begleitung des Adjektivs *dumm* oder *blöd* ist es ein Schimpfwort für weibliche Personen.

(d) *Dickerchen* – hat auch einen etwas negativen Beigeschmack, den die anderen Kosewörter nicht haben.

(e) *Hund* – die anderen Schimpfwörter sind für dumme Menschen bestimmt, während *Hund* allein nicht für *Dummkopf* benutzt werden kann.

Aufgabe 2

a 3; b 8; c 4; d 2; e 6; f 7; g 1; h 5.

Aktiv oder Passiv? (2)

AB 18 C
S. 214

Wer genau hinsieht, wird merken, daß es immer die Sätze mit dem Pronomen *man* sind, die ins Passiv gesetzt werden sollen. – Vgl. AB 14, S. 172.
Im Passiv klingen folgende Sätze besser:
Neue Dinge und Erscheinungen des täglichen Lebens müssen bezeichnet werden,
... Die Bedürfnisse nach neuen Benennungen werden auf verschiedene Weise befriedigt. Nicht unbedingt muß ein neues Wort geprägt werden. ... Die notwendigen neuen Benennungen können auch aus fremden Sprachen entlehnt werden,
... Schließlich können aus heimischen oder fremden Sprachelementen neue Wörter gebildet werden.

Lektion 19

Der physikalische Körper

LB 19 A
S. 205-207

Lernziel des Lektionsteils 19 A ist eine auf genauer Sprachbeschreibung basierende Satzanalyse. Diese soll zu einem Textvergleich hinführen, der die Besonderheiten von zwei Texten feststellt, die sich weniger inhaltlich als in der Sprachebene unterscheiden. Diese Sprachebene ist abhängig von der jeweiligen Adressatengruppe (vgl. die Lösung von Aufgabe 4).

Beide Texte sind Fachtexte (auch der erste ist kein populärwissenschaftlicher Text). Während aber Text I sprachlich didaktisiert ist, d. h. dem sprachlichen Niveau von Lernern angepaßt ist, die einen Grundkurs in „Deutsch als Fremdsprache" erfolgreich absolviert haben, verwendet Text II lexikalische und grammatische Ausdrucksmittel, wie sie in der fachsprachlichen (schriftlichen, aber u. U. auch mündlichen) Kommunikation vorkommen: vorwiegend nominaler Stil; häufiger Gebrauch von Nominalkomposita; Häufung von Präpositionalphrasen; Häufung von mehreren Propositionen in einem Satz; verkürzte Satzbezüge (z. B. *danach*); wenig bzw. keine inhaltlichen Redundanzen.

Die **Aufgaben 1** und **2** zielen auf den verschiedenartigen Gebrauch des Wortes *Körper*; in 1 soll die umgangssprachliche Verwendung durch von den Lernern selbst gefundene Beispiele erläutert werden, in 2 das in LB 16 C (3) angerissene Problem wieder aufgenommen werden: Ein Ausdruck wird in verschiedenen einzelwissenschaftlichen Zusammenhängen verschieden definiert. Die Definition von *Körper* im physikalischen Sinn ist auch Thema der Texte I und II.

Aufgabe 4

Adressaten von Text I sind nicht etwa Schüler, sondern ausländische Studierende der Naturwissenschaften mit geringen Deutschkenntnissen, aber mit Physikkenntnissen aus der gymnasialen Ausbildung ihres Heimatlandes. Der Text ist dem Lehrwerk *Physik + Deutsch* entnommen, das in erster Linie für ausländische Studenten konzipiert ist, die in der Bundesrepublik Deutschland ein naturwissenschaftliches Studium beginnen wollen. Text II, vom gleichen Autor konzipiert, richtet sich z. B. an einen muttersprachlichen Physikstudenten des ersten Semesters.

Zur dritten Frage:

Text I	Text II
Z. 1– 9	Satz 1
Z. 10–31	Satz 2–3
Z. 32–37	Satz 4

zu I,1:
bzw. II,1:

- Die Definition wird durch Beispiele vorbereitet:
- *Arten von Materie* wird *Menge von Materie* entgegengesetzt.
- Der Null-Artikel wird für die Bezeichnung der Stoffe, der unbestimmte oder bestimmte Artikel für die Bezeichnung der Menge von Materie gebraucht.
- Der Text besteht aus einfach gebauten Hauptsätzen.
- Im ersten Satz von Text II wird die Definition ohne vorbereitende Beispiele gegeben. Der sehr viel komplexer gebaute Hauptsatz (3 Präpositionalphrasen; als Prädikat *bezeichnen als*) enthält zusammengedrängt mehrere Informationen, die sich in Einzelsätze auflösen ließen.

zu I,2:   – Der zweite Teil hat die Aufgabe einer Zusammenfassung.

bzw. II,2 u. 3:   – Die Beispiele von Text I sind leichter zu verstehen; die von
                             Text II, Satz 2, enthalten schwierige Namen wie *Glaskolben,*
                             Meßzylinder. Sie sind unterschiedlich gewählt, damit auch bei
                             der ersten Adressatengruppe das Ziel (Veranschaulichung ei-
                             ner abstrakten Aussage) erreicht werden kann.

                          – „Das in einem Glaskolben eingeschlossene Gas oder das Was-
                             ser in einem Meßzylinder" ist die Subjektgruppe von II,2. Sie
                             besteht aus 2 Subjekten, die durch *oder* verbunden sind: Das
                             erste Subjekt, *Gas*, ist durch ein stark erweitertes Linksattri-
                             but näher präzisiert, das zweite Subjekt durch ein Präpositio-
                             nalattribut.

                          – *danach*: verkürzte Wendung für „*jede* begrenzte Menge von
                             Masse wird als Körper bezeichnet".

                          – Statt *vorgeben* ist im Text 1 *sich unterscheiden* gebraucht.

zu I,3   – Die Unterschiede betreffen die gleichen Bereiche wie in den
bzw. II,4:   vorangegangenen Abschnitten bzw. Sätzen. Hinzuweisen ist
                             besonders darauf, daß sogar die Gesetzesformulierung des
                             ersten Textes (durch einen Kasten hervorgehoben) inhaltlich
                             redundant ist: Derselbe Sachverhalt wird einmal positiv, ein-
                             mal negativ ausgedrückt.

Die Wärmepumpe

LB 19 B
S. 207-209

Diese Lektionseinheit stellt einen technischen Text in den Mittelpunkt; er sollte
auch in Gruppen, die vornehmlich literarisch-historisches Interesse haben, nicht
übergangen werden; denn eine Kulturbetrachtung, die das Phänomen „Technik"
ausklammert, ist u. E. zu einseitig und nicht verantwortbar.

LB 27

Der gesprochene Text über die Wärmepumpe soll in zwei Teilen gehört werden.
Der erste Teil berichtet allgemein über die Aufgabe einer Wärmepumpe, der
zweite über den Bau und die Funktion ihrer Einzelteile.
Bei der Konzeption dieses Lektionsteils war es zunächst das Ziel, eine Praxis
vorzustellen, wie sie vor allem in naturwissenschaftlich orientierten Vorlesungen
und Vorträgen üblich ist: die Kombination gesprochener Text/Bild (Schema,
Tabelle usw.), wobei der Text teilweise das Bild erklärt, teilweise abstraktere
Formulierungen des gesprochenen Textes durch das Bild veranschaulicht werden.
Da aber sehr vielen Lernern dieser Stufe jegliches physikalische Hintergrundwis-
sen fehlt bzw. vorhandenes Wissen nicht mit den hier gebrauchten Fachwörtern in
Verbindung gebracht wird, wurden hier die Aufgaben 1 und 2 vorgeschaltet.

Aufgabe 1

Hier soll die Funktion einer Wärmepumpe geklärt werden. Die Wärmepumpe ist
als eine Einrichtung zu definieren, die in einem bestehenden, mit relativ hohem
Energieaufwand arbeitenden System (z. B. einer Heizwasseranlage) Wärme aus
(fast) „kostenlosen" Energiequellen zuführt.

121

Aufgabe 3

Hier werden Fachausdrücke geklärt, die bereits im Kontext des abgebildeten Schemas verstanden werden können. Bei ihrer Definition und Analyse empfiehlt es sich, auf bereits vorhandene Kenntnisse der Wortbildungslehre zurückzugreifen (Präfixe; Suffixe; Auflösung von Nominalkomposita).

Dampferzeuger: eine Vorrichtung, in der Flüssigkeiten (hier das bei 1°C verdampfende Ammoniak) in gasförmigen Zustand überführt werden;

Kondensator: eine Vorrichtung, die Dampf verflüssigt;

Wärmetauscher: ein Wärmetauscher ist sowohl Dampferzeuger als auch Kondensator;
im Dampferzeuger gibt das Grundwasser seine Wärme an das Ammoniak ab, im Kondensator der Ammoniakdampf seine Wärme an das Heizwasser, das dadurch auf eine höhere Temperatur gebracht wird;

Kompressor: eine Vorrichtung, die Dampf unter hohen Druck setzt und dadurch die Temperatur erhöht;

Expansionsventil: ein Ventil, das eine unter hohem Druck stehende Flüssigkeit expandieren (sich ausdehnen) läßt, die Kompression wird dadurch aufgehoben, der hohe Druck beseitigt.

Aufgabe 4

Für den ersten, allgemeinen Teil des Vortrags sind relativ wenig Hintergrund-Informationen (und Lexeme) vorbereitet; deshalb die sehr pauschal gestellte Aufgabe, die Hauptinformationen des Vortrags zu nennen, u. U. müssen diese in der Gruppe gesammelt oder der Text noch einmal gehört werden.

Aufgabe 5

Teil 2 muß einmal gehört werden; erst in einem zweiten Durchgang sollte die Notierungsaufgabe gestellt werden, die richtigen Termini an der entsprechenden Stelle einzusetzen.
Bei der anschließenden Produktionsaufgabe sollte auf inhaltliche und sprachliche Korrektheit besonders geachtet werden.
Als Ergänzungsaufgabe empfehlen wir die Beschreibung einer Kühlanlage (Kühlschrank).

AB 19 B
S. 220

Intonationsübung (I)

Der freie Vortrag müßte von einem Muttersprachler gehalten und aufgenommen werden. Wenn dies nicht möglich ist, kann man an anderen Beispielen freien Sprechens Intonations- und daraus resultierende Verstehensprobleme zeigen und diskutieren. Wichtig ist wohl der Hinweis darauf, daß diese Probleme zunehmen, wenn man den Sprecher nicht sieht (z. B. Rundfunkdiskussion).

Das Teekessel-Spiel

Material: Karten mit „Teekessel"-Begriffen (siehe unten).

Spielverlauf: Ein „Teekessel" ist ein Wort mit zwei oder drei verschiedenen Bedeutungen. Zwei oder drei Teilnehmer erhalten je eine Karte mit dem gleichen Wort. Sie umschreiben nun abwechselnd ihren „Teekessel", bis der Begriff erraten ist. Wenn ihnen nichts mehr einfällt, dürfen die Teilnehmer Fragen stellen.

Beispiel: Teekessel „Bank"
A: Mein Teekessel ist aus Holz.
B Mein Teekessel ist aus Stein.
A: Auf meinem Teekessel kann man sitzen.
B: In meinen Teekessel kann man hineingehen.

Ziel: Wortschatzerweiterung durch Einüben von Homonymen, Umschreiben und Definieren.

Zeit: 20–30 Minuten.

Hinweis: Der Lehrer sollte sich vor Spielbeginn vergewissern, daß die Spieler die Bedeutung ihres Teekessels genau verstanden haben.

Die Teekessel-Wörter mit der Definition (in Klammern) auf Kärtchen schreiben:

die Birne (Obst)	– die Birne (Glühbirne)
der Paß (Reisedokument)	– der Paß (Gebirgsübergang)
das Schloß (Türschloß)	– das Schloß (Palast)
das Gericht (Speise)	– das Gericht (Justizbehörde)
das Fach (Schublade)	– das Fach (Unterrichtsgegenstand)
die Note	– die Note (Zensur)
(Zeichen für einen Ton)	– die Note (schriftliche Mitteilung in der Diplomatie)
das Netz (Spinnennetz)	– das Netz (Verkehrsnetz)
das Netz (Einkaufsnetz)	
das Tor (Eingang)	– das Tor (Fußballtor)
der Ball (Sportgerät)	– der Ball (Tanzveranstaltung)
der Strauß (Vogel)	– der Strauß (Blumengebinde)
der Strauß (Kampf)	
der Bogen (Waffe)	– der Bogen (Papier)
der Bogen (gebogene Linie)	
der Leiter (Direktor)	– die Leiter (Gerät mit Sprossen zum Hinauf- oder Hinuntersteigen)
das Band (Stoffstreifen)	– der Band (einzelnes Buch)
die Brücke (Bauwerk)	– die Brücke (Zahnprothese)
die Decke (Zimmerdecke)	– die Decke (Tischdecke)
die Decke (Wolldecke)	

(Spielidee nach *rororo Spielbuch*, Reinbek bei Hamburg 1975.)

Ich weiß nicht, was soll es bedeuten

Material: Kärtchen mit Nominalkomposita, deren Sinn aufgrund ihrer Bildung doppeldeutig ist.

Spielverlauf: Die Kursteilnehmer bilden Gruppen von 3–5 Personen. Jede Gruppe erhält ein oder zwei Kärtchen mit Nominalkomposita. Es soll herausgefunden werden, welche Bedeutung die Komposita normalerweise haben und welche sie aufgrund ihrer Zusammensetzung noch haben könnten.

Beispiel: Münztankstelle = eine Tankstelle, an der man tanken kann, wenn man Münzen einwirft. Mögliche Bedeutung: Eine Stelle, an der man Münzen tanken kann.

Ziel: Sprachsensibilisierung.

Zeit: höchstens 20 Minuten.

Solche Wörter sind z. B.: Geisterfahrer – Dozentenparkplatz – Wolkenkratzer – Münzwaschanlage – Zitronenfalter (Michael Ende) – Hausbrand – Lautsprecher – Vogelbauer – Denkpause – Kursbuch – Rasensprenger – Urlaub (sehr altes Laub!) – Büstenhalter – Hosenträger – Schmerztablette – Kettenraucher – Morgengrauen – Familienbande.

Zusatzaufgabe: Die Kursteilnehmer sollen selbst solche Wörter finden.

Lektion 20

Bertolt Brecht: „Ich habe gehört, ihr wollt nichts lernen"

Das Gedicht wurde etwa 1931 geschrieben (die Überschrift stammt nicht von Brecht). Es gehört zu einer Gruppe von Gedichten gegen Führer und Reich.

Aufgabe 3

Hier sollte der Lehrer bereits auf die Ironie eingehen, die Brecht als Mittel zur Belehrung einsetzt. Das Duden-Fremdwörterbuch definiert: *„Ironie:* feiner, verdeckter Spott, mit dem man etwas dadurch zu treffen sucht, daß man es unter dem auffälligen Schein der eigenen Billigung lächerlich macht."

Aufgabe 7

Hier wird nach der Wirkung von Ironie gefragt. Nicht jeder versteht Ironie; Kinder können durch Ironie leicht verletzt werden.

Die Peanuts

Aufgabe 1

Die Sätze stehen in folgender Reihenfolge in den Sprechblasen: 5–3–2–1–8–4–6–7.

Das Schulsystem der BRD und der DDR – ein Vergleich

Aufgabe 2 (Ergänzung der Diagramme)

Bundesrepublik Deutschland[1]

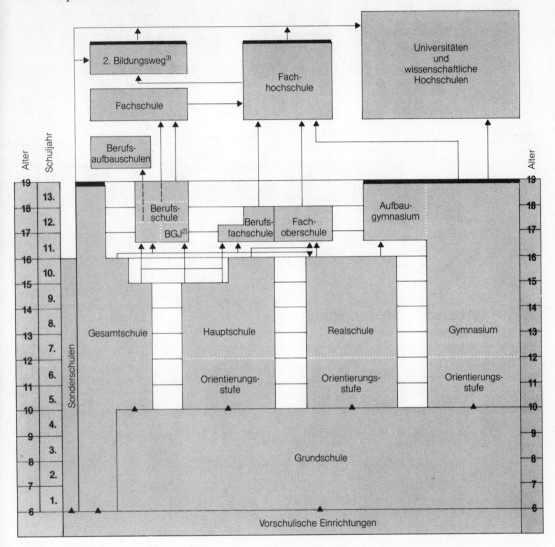

[1] Die Größenverhältnisse entsprechen nicht der prozentualen Verteilung der Schüler und oberhalb der Alters- bzw. Schuljahrskala auch nicht der Dauer der Ausbildungsgänge.

[2] Berufsbildungsjahr, Abschluß mit Fachschulreife.

[3] Zweiter Bildungsweg: Abendrealschulen, Abendgymnasien, Kollegs (Institute zur Erlangung der Hochschulreife).

Deutsche Demokratische Republik

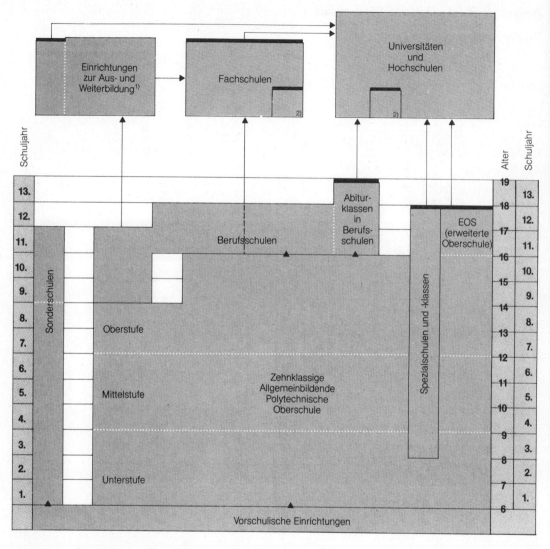

Schuljahr

Alter | Schuljahr

Universitäten und Hochschulen

Einrichtungen zur Aus- und Weiterbildung[1]

Fachschulen

[2]

[2]

13.		19	13.
12.	Abitur-klassen in Berufs-schulen	18	12.
11.	Berufsschulen	17	11.
10.		16	10.
9.		15	9.
8.	Oberstufe	14	8.
7.		13	7.
6.		12	6.
5.	Mittelstufe	11	5.
4.	Zehnklassige Allgemeinbildende Polytechnische Oberschule	10	4.
3.		9	3.
2.		8	2.
1.	Unterstufe	7	1.
	Vorschulische Einrichtungen	6	

Sonderschulen

Spezialschulen und -klassen

EOS (erweiterte Oberschule)

[1] Betriebsakademien und Volkshochschulen.
[2] Vorkurs zur Erlangung des Abiturs.

Aufgabe 5

LB 20 C
S. 219

Wichtig ist, daß nicht bei allen abstrakten Begriffen *bestehen* verwendet werden kann. Hier z. B. ist es falsch: **Besteht in der deutschen Sprache ein Wort für ...?* *bestehen* hat außerdem noch die Präpositionen *auf, aus* und *in.*

Interview mit einer Bildungspolitikerin

LB 20 D
S. 219/220

LB
28

Die Rezeption des Interviews setzt Vorkenntnisse voraus, wie sie in LB 20 C vermittelt werden. Wichtige Begriffe und Grundinformationen müssen bekannt sein, damit die weiterführenden Fragen bzw. die Antworten darauf verstanden werden können. Was die Fragen angeht, so sollen den Hörern drei Dinge bewußt sein bzw. während des Hörens bewußt werden:

(1) Die fünf großen Themen sind in Form von Stichworten vorgegeben.
(2) Der erste Teil einer Frage wiederholt teilweise bereits bekannte Informationen; wie dies z. B. auch in vielen Rundfunk- und Fernsehinterviews gebräuchlich ist, vermittelt die Reporterin oft vor den eigentlichen Fragen Vorinformationen, um den Hörern (nicht dem Interviewten!) eine Verstehensbasis für das kommende Frage-Antwort-Spiel zu geben.
(3) Die einzelnen Fragen haben verschiedene Intentionen: Einige streben nach zusätzlichen Informationen, andere fordern eine Beurteilung, fragen nach der Einschätzung und der politischen Meinung.

Diese politische Meinung soll, soweit dies möglich ist, von den Kursteilnehmern diskutiert, u. U. kritisiert werden.

Lernen

AB 20 A
S. 222

Die Stichworte können zunächst auch nach Gruppen geordnet werden. Bei einigen sollte ein Lexikon zur Präzisierung herangezogen werden. Im übrigen stehen der Austausch persönlicher Erfahrungen bzw. Beratung zwischen den Lernern im Mittelpunkt dieses Gesprächs.

Selektionsübung (S)

AB 20 D
S. 224

LB
28

Die jeweilige Frage vorbereitenden Informationen: Redebeitrag 1: 3 Informationen + Beispiel; Redebeitrag 2: 1 Information; Redebeitrag 3: 1 Information; Redebeitrag 4: 1 Information.

Stellungnahme in den Antworten:

Antwort 1	= <u>sicher</u> ... Gefahr ... – <u>aber</u> ... großer Vorteil; ... würde ich <u>nicht</u> für Zentralisierung plädieren.
Antwort 2	= <u>Man neigt</u> ... <u>zu der Ansicht</u>, daß gut geführte Kindergärten ... ausreichen.
Antwort 3	= <u>Ja, ich glaube</u>, daß Kindergärten und ... Grundschule eine Chance geben ... auszugleichen. <u>Nur</u>, nach dem Besuch ... (Einschränkung).

Antwort 4	= Das wichtigste <u>Argument</u>, <u>das für</u> eine Gesamtschule <u>spricht</u> … – <u>Ein weiterer Vorteil</u> der Gesamtschule ist,… – <u>Sicher</u> gibt es auch <u>partielle Nachteile</u> …
Antwort 5	= <u>Aber</u> diese Nachteile werden … <u>aufgewogen.</u>
Antwort 6	= … <u>man muß sagen und anerkennen,</u> daß … – …, daß die Bundesrepublik auf einem besseren Weg ist. … <u>sollte nicht</u> zum Hauptziel der Ausbildung gemacht werden.
Antwort 7	= Das Recht … <u>sollte</u> jedem zugestanden werden. <u>Nur</u> (Einschränkung), die Studierenden können nicht erwarten, daß …

Zur technischen Durchführung:
Die Antworten können u. U. mehrmals vorgespielt oder auch vom Lehrer vorgelesen werden. Nach jeder Antwort empfiehlt sich eine Pause, damit die Lerner überlegen, notieren und auch gleich die Lösung diskutieren können. Wenn dies hörverstehend zu große Schwierigkeiten bereitet, so kann der abgedruckte Text zu Hilfe genommen werden.

Lektion 21

LB 21 **B**
S. 226/227

 LB
29

Aus der Geschichte der Universität Köln

Da der gesprochene Text bei der Geschichte des Mittelalters ansetzt, sind eine Reihe von Hintergrundinformationen notwendig, die bei der Mehrzahl der Hörer nicht vorausgesetzt werden können. Damit verbunden ist die Vermittlung wichtiger Lexeme, die diese Hintergrundinformationen mitkonstituieren. Es ist zweifellos problematisch, so viele verschiedene Aspekte wie „mittelalterliches Universitätsleben", „Orden" und „Scholastik" in einer Vorlaufphase gleichzeitig anzusprechen. Die vorgeschlagene Lösung, die die einzelnen Punkte sehr assoziativ aneinanderreiht, ist vielleicht nicht befriedigend, aber jede andere würde die Vorbereitung noch umfangreicher machen. Im Interesse einer genaueren Information wäre es freilich sinnvoll, den Begriff „Scholastik" inhaltlich stärker zu vertiefen.

AB 21 **B**
S. 231

Feste Verbindungen (4) und Funktionsverbgefüge

Aufgabe 1

1c, i; 2d; 3j (+ *ausüben*); 4g (+ *kommen*); 5h; 6k; 7f; 8e; 9a; 10b.

AB 21 **D**
S. 232

Intonationsübung (I)

Die zu 19 B gestellte Aufgabe (freier Vortrag eines Muttersprachlers zur Erklärung einer Skizze) wird hier weitergeführt: Der ausländische Lerner soll nun mit Hilfe von Stichworten einen freien Vortrag halten und dessen Intonation anschließend selbst beurteilen. Maßstab bei der Diskussion seiner Bandaufnahme sollte die *Verständlichkeit* der übermittelten Information bzw. des Informationszusammenhangs sein. Ist die Verständlichkeit zufriedenstellend, dann können individuelle Abweichungen von der Norm konzediert, vielleicht sogar als kommunikativ belebende Elemente bewertet werden; wenn nicht, müßte der Lehrer sich auf eine individuelle Fehlerkorrektur einlassen. (Vgl. auch die allgemeinen Bemerkungen zu schriftlicher und mündlicher Reproduktion bzw. Produktion S. 30–32.)

Lektion 22

Gerhard Fuchs: Ballungszentren und Teilhauptstädte

LB 22 B
S. 235/236

Aufgabe 3

Die Reihenfolge muß lauten: 6–1–4–7–3–5–2.
(In Satz 2 muß es *heben* statt *senken* heißen. Der Fehler wurde absichtlich hineingemogelt.)

Aufgabe 5

Worüber etwas gesagt wird	**Was** darüber gesagt wird
Die meisten deutschen Städte	haben durch die Auseinandersetzungen um den Vorrang an Bedeutung gewonnen, konnten sich jedoch nicht endgültig durchsetzen.
Berlin	seit Gründung des Deutschen Reiches (1871 unter Bismarck) privilegiert, entwickelte sich rasch zur Metropole; Hauptstadtbedeutung von kurzer Dauer, konnte Aufgabe für die Bundesrepublik nach dem 2. Weltkrieg nicht erfüllen wegen Viermächtestatus und isolierter Lage; Situation führt zu „Hauptstadtproblem" in der Bundesrepublik.

Worüber etwas gesagt wird	**Was** darüber gesagt wird
Staatsgründung der Bundesrepublik föderalistische Organisation	Auflage zur föderalistischen Organisation; viele wichtige Aufgaben in der Hoheit der Bundesländer; Bundesfunktionen nicht auf Bonn beschränkt; höchste Staatsfunktionen (Beispiele); dezentralisiert (Zahlenbeispiele);
Voraussetzung zur Dezentralisierung Regionalismus	ererbter starker Regionalismus; hat schon in der Vergangenheit starke Regionalzentren entstehen lassen; (historisch angelegt)
(Zentrenmuster für Aufgabenteilung unter Teilhauptstädten)	– in Klammern, da keine neue Information; Zusammenfassung mit „Plateaufunktion" –.
Nachkriegszeit	Fehlen des Zentrums Berlin, Aufwertung der nachrangigen Zentren; Tendenz zur Konzentration auf vier Teilhauptstädte, verbunden mit unterschiedlichen Bedeutungsschwerpunkten.
„Hauptstadtregion" Bonn-Köln-Düsseldorf	Mischung aus politischem Zentrum, Repräsentanz in- und ausländischer Wirtschaftsverbände, Versicherungszentralen und Messen;
Frankfurt am Main	Organisationszentrum für Wirtschaft und Finanzwesen, europäische Verkehrsdrehscheibe;
Hamburg	(Außen-)Handel, Verkehr und Pressewesen;
München	Kultur, Hochschulwesen, Forschungseinrichtungen.
Bonn	Entwicklung unter der Hypothek des Provisoriums; Aufstieg als politisches Zentrum; kann die vielfältigen hauptstädtischen Aufgaben nur in Verbindung mit Köln und Düsseldorf erfüllen.
Regionalhauptstädte (Stuttgart, Hannover, Nürnberg, Mannheim, Essen, Bremen)	Ausstrahlung nur auf das jeweilige Bundesland oder auf wichtige Wirtschaftsregionen.

Worüber etwas gesagt wird	**Was** darüber gesagt wird
Funktionsstreuung auf größere Zahl von Städten	hat keine neue Metropole entstehen lassen; hat Tendenz zur Provinzialisierung vermeiden helfen; hat der Bundesrepublik zu einer der stabilsten räumlichen Strukturen verholfen.
die meisten neuen Teilmetropolen Ballungsgebiete Kernstädte der Ballungsgebiete (Bundesrepublik)	Kernstädte von Ballungsgebieten; auf alle Bundesländer verteilt; Gebiete besonderer Wirtschaftskraft; stabilisieren die dezentralisierte Struktur; heben den allgemeinen Lebensstandard; setzten Normen für den Lebensstandard und die Entwicklungsdynamik; (viele Teilmetropolen und stabilisierendes Rückgrat: die Ballungsgebiete) – in Klammern, da Zusammenfassung –.

Ingeborg Drewitz: Der Mann im Eis

Obwohl im Zentrum des Hörspiels die Biographie eines deutschen kleinbürgerlichen *Jedermann* steht, kann diese ohne eine ganze Reihe von Hintergrund-Informationen nur sehr unvollständig und oberflächlich verstanden werden. Deshalb die historischen Angaben in der Vorbereitungsphase, auf die sich der Jubilar in seinen Ausführungen bezieht. In seinen Reflexionen wird die Verflechtung des individuellen Lebensschicksals mit politischen (nationalen und internationalen) Entwicklungen deutlich. Freilich wäre es verfehlt, dieses Lebensschicksal eines Menschen, der „krumm" ist, weil er sich zuviel „gekrümmt" hat, nur als Auswirkung politisch-ökonomischer Verhältnisse zu sehen. Warum der auf Freiheit, auf Atmen-Können ausgerichtete Lebensentwurf des Mannes gescheitert ist, darauf geben die Aussagen des Textes keine eindeutige Antwort; die Hörer mögen selbst darüber nachdenken. Durch die Meldung, die sich immer mehr vervollständigt, bekommen diese autobiographischen Aussagen einen dunklen Rahmen: in demselben Jahr, in dem der Jubilar (zumindest in diesem Rückblick) den Höhepunkt seines Lebens erreicht hatte und dann eine normale Arbeitsexistenz begann (Symbol: Verschüttetsein durch die Lawine = Ende des Bergsteigens und der Freundschaft mit dem Mädchen?), verunglückt ein anderer Bergsteiger tödlich, wird nicht gerettet und gefunden. Im Gegensatz zu dem krummen alten Jubilar ist der tote Körper nach 46 Jahren unversehrt. Was erstrebenswerter ist: die geschichtslose Existenz des Casimiro Bicchi oder die geschichtliche des Jubilars, der die Vergangenheit, trotz relativ günstiger Umstände, dunkel, die Zukunft grau vor sich sieht, auch dies ist eine der vielen Fragen, die dieses kurze Hörspiel aufwirft.

Wenn die besonderen technischen Möglichkeiten, die das Hörspiel dem Verfasser/
der Verfasserin und dem Produzenten bietet, genauer erörtert werden, sollte man
von der „Meldung" ausgehen. Die Stimme, die eine seit Jahrzehnten geschichtslose Existenz wieder in Erinnerung bringt, „bleibt immer gleich", ist ohne Raum,
in korrektem Nachrichten-Deutsch Informationsstück an Informationsstück hef-
tend.